АЛЕКСАНДР ВЕЙЦМАН

ПОСЛЕ ЗАЗЕРКАЛЬЯ

Бостон • 2025 • Чикаго

Александр Вейцман
После зазеркалья

Alexander Veytsman
In the Aftermath of Nothingness

Copyright © 2025 by Alexander Veytsman

All rights reserved. No part of this book may be reproduced or transmitted in any form or by any means, electronic or mechanical, including photocopying, recording, or by an information storage and retrieval system without permission in writing from the copyright holder.

ISBN 978-1-960533-62-3

Book and Cover Design by Bagriy & Company | Chicago, IL

Published by M•Graphics | Boston, MA
　www.mgraphics-books.com
　mgraphics.books@gmail.com

Printed in the United States of America

СОДЕРЖАНИЕ

Вместо предисловия 13
«Говорит Адаму Ева...» 14
После зазеркалья 15
«Пойдём туда, там будет не туман...» 16
Элегия 17
St. Lucia 19
«Десятое, двадцатое, и вот что...» 20
Кинематограф 21
«Полдневный мрак, но где-то в области пустыни...» 22
Покамест 23
Чаппакуиддик 24
«История — кладбище фактов...» 25
Колыбельная 26
«Что до города, знакомого до слёз, в общем...» 27
Баллада 28
Итак 29
Воспоминание о Реймсе 30
«Которая из этих трёх фигур...» 31
Keats 32
Rue Duphot 33
2ХХХ год 34
Развивая Самойлова 35
И этот жёлтый цвет 36
And Then There Were None 37
«Совокуплялась с облаком заря...» 38
06/29/53 39
Урок рисования 40
Aruba 41

Плавание	42
Barzelletta	43
Июньским утром	44
Волшебная флейта	45
Пастернак в Киото	46
«Мария рожала. Волхвы разговаривали в стороне...»	47
Ab Initio	48
Прогноз погоды	49
Празднично песенное	50
«Прощай, страна, не возвращайся...»	52
202 BC	53
«Абдул привёл вторую жену...»	54
Merzouga	55
Песенка-2	56
Tombstone	57
«Ты помнишь, мы с тобой сидели...»	58
Rue de Poissy	59
«Его волновал хаос, но он вслух говорил „хаóс"...»	60
Потом	61
Портрет и интерьер — 11	62
«Рама захлопнулась. Романтика стекла...»	63
Трумен Персонс	64
Декабрь 2002	65
Коллаж	67
Из Джордано	68
De Coniuratione Doctorum	69
На белый снег	70
«Там сны, дома, плюс окна без обители...»	72
Mont-Tremblant	73
«Отрубленная голова продолжала читать Рильке...»	74
«А дальше постановочные кадры...»	75
Calle Larga Mazzini	76
El Siglo de Oro	77
«Вот окно: панорама и гавань...»	78

Четыре вопроса	79
Под Парижем	80
«...Мой милый Фортинбрас, всё кончено...»	81
Статус-кво	82
Подарок	83
Портрет и интерьер — 10	84
Послесловие	85
Сонет без двух строчек	86
Перед рассветом	87
Раёк-2	88
Какое-то время спустя	89
1 сентября 1986	90
Август в лесу	91
Е. П.	92
Сан-Хосе	93
Эмигрантское	94
«Конечно же, лес впереди. В нём избушка и леший...»	95
Divi Tree	96
Hyannis	97
Натюрморт	98
Лариса Николаевна	99
Из Блока	100
Midtown West	101
«И вот она взошла, товарищ, верь...»	102
«Мужчины и женщины двадцать лет спустя...»	103
Памяти MZ	104
Тресковый мыс (Любовная история)	106
Портрет и интерьер — 9	108
Вашингтонская басня	109
Без занавеса	110
На работе	111
Harvard-Yale	112
«Посмотри в окно: статуя была, а теперь...»	113
«Четверг. Закончился недуг...»	114

«Вот выход из комнаты, железная дверь...»	115
Развивая Багрицкого	116
В семь вечера	117
Воспоминание и Герман	118
1887 год	119
Возвращение из города W	120
Allegretto	121
Портрет и интерьер — 8	123
Cantabile	124
Aere Perennius	125
In the Pronoun's Defense	127
An Asterisk	128
Пейзаж у воды	129
Живопись в сентябре	130
Первое сентября	132
Портрет и интерьер — 7	133
Утро	134
Август	135
Портрет и интерьер — 6	136
2002 год	137
Появление героя	138
Портрет и интерьер — 5	139
После	140
Блок at 100	141
На юге	142
Из жизни Лиона	143
Отрывок	144
Upper East Side — 2	145
Пробуждение	146
«Во Флóриде ей снились лишь католики...»	147
Cape Coral	148
Песенка-1	149
Сюжет	150
Раёк-1	151

Увеличенный поляроид 152
Осень в Апстейте 154
Портрет и интерьер — 4................................155
Набросок..156
Взгляд сверху.......................................157
Портрет и интерьер — 3................................158
Портрет и интерьер — 2................................159
Портрет и интерьер — 1................................160
Исход 19 161
Жизнь вне эпиграфа 162
Kunsthaus 163
Строки из города Л. 164
In Retrospect.......................................165
Н.В.П...166
«Мы не в изгнании, — написала Нина, — мы...».........167
Chelsea...168
«Он приехал в Париж и покончил с собой...»...........169
Балетная история 170
«Его брат погиб на Шестидневной войне...» 172
Триколор 173
Напутствие..174
Мартиника 175
Сон Бергмана..176
Февральская полночь 178
Первый седер..179
В ре миноре 180
Upper East Side.....................................182
«Подавая условные знаки...».........................183
Гарвардская басня 184
P.S...186
«Дед соскользнул в овраг, где лежали жена и дочь...»...187
Салазар 1968 188
12 августа 1978 189
Hamilton, NJ 190

29 июня ... 191
Шпионская басня ... 192
Натюрморт ... 194
1998 год ... 195
Гваделупа ... 196
Anno Domini ... 197
«Онегин вернулся из странствий к началу...» ... 198
Shelter Island ... 199
Сицилийский диптих ... 200
«Дед возвратился с войны, а дома...» ... 202
Hampton Bays ... 203
«...и князь Мышкин завёл разговор...» ... 204
«Возвратись в этот зал, пыльным зеркалом...» ... 205
«Поль Сезанн после спора с Золя не заметил...» ... 206

Алану и Амели

ВМЕСТО ПРЕДИСЛОВИЯ

Однажды ночью Нина Дорлиак
пожаловалась Рихтеру: «Никак
мне не забыть, как Вы намедни, милый Слава,
играя Моцарта, промазали октаву.
Я тихо ахнула, застряв в пространстве пауз,
и небеспочвенно: в углу сидел Нейгауз!
Он был рассержен и, взволнованно краснея,
страдал за Вас и за Вольфганга Амадея».

И Рихтер ей ответил полусонно:
«Дружочек! Свет моих триолей! Нина Львовна!
Я помню этот такт и ту октаву:
пусть не по нотам, но там сыграно на славу!
Скажу Вам больше! Ходят слухи, что лет двести
назад сам Моцарт мазал в этом месте.
Поэтому, мой друг, не будем строги:
мы тоже люди, хоть, естественно, и боги!»

Мораль здесь есть для тех, кому есть дело:
играйте Моцарта, друзья, и мажьте смело!

* * *

Говорит Адаму Ева:
«Тебе направо, а мне налево.
Жизнь закончилась, хотя и не началась.
Была ли у нас любовь? И какая меж нами связь?»

Говорит Еве Адам:
«Я Всевышнему тебя не отдам.
Жизнь закончилась: вероятно, это ново.
Но ты первая. И ты есть слово».

17 декабря 2023

ПОСЛЕ ЗАЗЕРКАЛЬЯ

Ты знаешь, вот так, а затем направо:
она и он, плюс это отражение,
в котором закончилась чужая слава,
но началось сердцебиение.
И вместо шевелюры: кадка с цветком,
но он не о том, и она не о том.

Ты знаешь, в фойе этого театра
стоял демон, похожий на зрителя.
Летала уборщица, используя швабру,
а затем ты увидел учителя
пения, который, напомнив о верхних до,
кричал, что он — не это и, тем более, — не то.

Ты знаешь, зима должна быть снежной.
Это во-первых. Во-вторых, к Цельсию
нужно добавить, окрылённую надеждой,
подругу Линду. Наконец, известия
о зиме и о Линде — это та красота,
что спасёт наш мир, и спасёт без Христа.

6–7 декабря 2023

* * *

Б.Ш.

Пойдём туда, там будет не туман,
а статуя, осевшая в чащобе,
близ парка, где однажды котлован
не вырыли, но прочитали обе

особы в жёлтых платьях, шелест губ
которых доносился в ми бемоле,
пока немногословный дроворуб
искал пилу и размышлял о воле.

30 ноября 2023

ЭЛЕГИЯ

Возвращайся после ужина с Джоном,
когда половина стола
шатается монотонно,
а другая так и не смогла
выработать конкретный ритм для диалога.
Так немного
звёзд на небе в пятый час утра,
так немного
пойманной рыбы, которую повара
прочат в новое entrée
в каком-нибудь декабре.

Возвращайся — это был ужин,
который как минимум запомнит Джон.
Вы говорили о смерти в эпоху стужи
и о жизни как о связи времён.
Разрезая мясо, а лимонный соус
оставляя в стороне, вы снова
услышали чей-то настойчивый голос,
после чего не сказали ни слова.

Возвращайся — пусть новые облака
соседствуют за окном, дивно
сливаясь со слезами, что наверняка
пришли с уходом ливня.
Возвращайся: пусть
сохранится воск от твоей фигуры,
как сохраняется литературная грусть,
пускай без самой литературы.

24–25 ноября 2023

ST. LUCIA

Поскольку жизнь не заканчивается, Дерек,
с приездом на родину ямба, на этот берег;
поскольку краскам, вне изобилия сини,
нужен сегодня не ты, а хотя бы Хини;

поскольку жара, распадаясь на хохот,
по-прежнему есть серп и молот;
поскольку судьба
требует карету, а приезжает арба;

поскольку ты — единственный из великих,
познавший страсть с любезной девушкой Ки́ки;
поскольку ты называл её Кики́,
и иногда получались стихи.

23 ноября 2023

* * *

Десятое, двадцатое, и вот что:
ты сам раскрепостил небесный гул,
вписав его в квартирное уродство,
петлю намылив и, конечно, встав на стул.

Двадцатое, тридцатое: ты знаешь —
когда-нибудь забудут, что иных
там не было, что пели, что дверь настежь,
что сцена справа, а сам гул — он не затих.

12 ноября 2023

КИНЕМАТОГРАФ

Когда от мрака остаётся не тоннель,
а ратуша в окне,
когда тот горизонт, та параллель
являются не мне,
приходишь ты — в бетонной скорлупе,
без профиля, на вы
взывая к чей-то согбенной рабе,
естественно, любви.

И я не замечаю, что пустяк,
раздробленный на два,
давно сосуществует кое-как,
покамест есть слова,
с какой-то важной вестью, что на три
не разделить уже,
как не проведать смелой аркою ноздри,
что там, под неглиже.

Ноябрь 2023

* * *

Полдневный мрак, но где-то в области пустыни восток и солнце,
вдоль карандашных линий,
сквозь линзу одноногого японца.
Песок и танки,
плюс шелест гусениц без судеб.
Настанет время, то и это пусть осудит
взгляд марокканки.

Картина без
стекла, способного на пот и крест из трещин.
Мне скучно, бес,
когда ты, бес, и только ты обещан.
Картина без любви —
синоним прошлого, и, кажется, отныне
в лесу своём живи иль не живи,
ты там, в пустыне.

22 октября 2023

ПОКАМЕСТ

Что там виднеется за белой шевелюрой,
за вазой с соком?
Какая-то французская культура,
что ненароком
из скучного окна творит мансарду
в нескучный жёлтый полдень
и распадается на шулерские карты
среди коней и пони.

Что там виднеется, и где она, свобода
писать без молока, но с видом
на статую в солёных водах,
для девушки под псевдонимом Ида?
Что там за креслами? Опять виолончели,
плоды сумбура,
каденций, что к полудню надоели,
но всё же вот она, культура.

Что там виднеется? В неоне красном EXIT,
плюс треугольник неба.
Тебе и мне там ничего не светит,
поскольку в сумме нет когито или эрго.
Что там виднеется: «О, как я поздно понял,
зачем я существую...»
От жизни первой остаётся луч в ладони,
приветствующий резво жизнь вторую.

10–12 октября 2023

ЧАППАКУИДДИК

Тамара Павловна игриво «they»
себя называла, но не «они».
У неё был муж, наполовину еврей,
закончивший дни
там, где Тамара Павловна сама
мечтала умереть.
Была зима. Курортные дома
пустовали на треть.

Тамара Павловна, как некогда маяк,
стояла прямо, а свет стекал с плеч.
Справлялась с бытом она кое-как.
Впрочем, что было быт беречь?
Замёрзший пруд и теннисный корт
под снегом для вечных вдов
являлись роскошью: впрочем, от
вдов лишь ждали дров.

Тамара Павловна была глупа,
но это всё же не грех.
Пускай о ней судачила толпа,
и на устах у всех
в курортных домах была она,
так мечтавшая называться «they».
Тамара Павловна была влюблена
и ждала любовных вестей.

7 октября 2023

* * *

История — кладбище фактов.
А кладбище — скопище листьев.
Стало быть, история есть факты,
укутанные в листья.
Я тоже так раньше считал, истину перенося на новую строку.
Получалось хайку.

История — тот самый ответ,
который искусственный интеллект
непременно похоронит.
Забудут, сколько нас было,
и кто здесь был, кроме
нас, и зачем солнце палило,
и зачем вообще сонет.

Октябрь 2023

КОЛЫБЕЛЬНАЯ

Вот представь: этот парк, оказавшийся ниже,
чем ты думал; мансарда в цветах, о Париже
горевавшая; жёлтый кирпич, женский плач;
«Лакримоза», а с ней щербаковский «Трубач».

Почему ты не спишь? Город по вертикали
превращается в горы, скрывая скрижали,
чтоб стихия — а с ней пусть и град, и туман,
чтобы посох — а с ним — будь здоров, бонвиван.

Вот представь: ты и я где-то здесь, минус память
о Марии Стюарт, минус листья и слякоть.
Что останется, если чужая слеза
не прольётся, а ты не закроешь глаза?

30 сентября 2023

* * *

Что до города, знакомого до слёз, в общем
и целом, до Марьиной Рощи,
как и до ближайшей школы,
где-то тысяча километров «Тойоты Короллы»:
немного воспоминаний, немного книг,
огромное окно, сапоги, дождевик.

Что до города — город давно исчез.
Множество деревьев, но всё же пока не лес.
Ты и я гуляем, ещё не женаты,
наступая на листья, считай, наступая на даты.
Вдалеке нам машет Лиз и всё, что от неё осталось.
А из дома доносится голос, но, по-моему, ещё не Каллас.

Что до — ладно, природа есть наша поступь
на земле и не боле; природа — трафальгарский голубь,
застрявший на постаменте, где-то напротив музея;
природа — твоё лицо, что, не старея,
повёрнуто к допотопному небу целый час впотьмах
и отражается в облаках.

24 сентября 2023

БАЛЛАДА

Снова снилось, будто Мэри
хочет Кевин с Бликер-стрит,
ну а Мэри рядом в сквере
проглотила цианид.
Плачут все: во-первых, Кевин,
плачут мачеха, сестра,
плачет Джон, что не был первым,
плачет Джим, что был вчера.
Как же так? Чтоб в двадцать восемь?
Почему не в двадцать семь?
Ладно, позже порасспросим,
если будет меньше тем.
Что случится после Мэри?
Сразу как-то не поймёшь.
Вдруг на мэрином примере
подрастает молодёжь?
Вдруг от Мэри к всякой твари
в рот проникнет цианид,
и в земном репертуаре
главным станет суицид?
Ну и что теперь там Кевин?
С кем он встретит эту ночь?
Кевин, впрочем, не уверен,
да и как ему помочь?..

21 сентября 2023

ИТАК

За цифрой четыре выскакивает цифра четыре,
пока в квартире
ты, к счастью, не один, и, к счастью,
делится на четыре части
паркет под ногами, скрипящий в углу у торшера.
День выдался удачным, хотя и серым.

За цифрой четыре — здесь где-то рядом
ты самого себя одарил печальным взглядом.
Одарил и устал,
так как не хватает по-прежнему зеркал,
и также опять не хватает лужи.
День выдался серым, но мог бы быть хуже.

За цифрой четыре — ах, милый
друг, что бы эта цифра ни сулила,
но впереди лишь поле, пустой аэродром,
где застыли моторы, так как ливень и гром,
где ты и я могли бы однажды и без дураков…
А день — он подкрался к полуночи и был таков.

20 сентября 2023

ВОСПОМИНАНИЕ О РЕЙМСЕ

«Что у тебя?» «Тоска по мировой
культуре». «У меня тоска по Богу».
«Тоска твоя, ей-богу, не впервой».
«А ты тоскуешь ради диалога».

«Но диалог — не Дягилев. Где взять
танцора, поцелованного Бо?»
«Ты снова заикаешься». «Сказать —
не жить, а тлеть». «Не понял ничего».

«Вот именно. Тоска по пустоте».
«Выходит, что культура — шар без массы?»
«Не думаю». «А всё же точишь лясы».
«То лясы старые, увы, совсем не те».

«Я уши затыкаю». «Между прочим,
в твоих ушах гноится желтизна».
«Мне не услышать Брамса». «Лучше очи
закрой». «Пускай закроет вся страна».

«Она давно закрыла». «Не скажи!»
«Прочти хоть Эко!» «Бл.дь! Какое эхо?»
«А где Шагал?» «Шагал — он не доехал.
Собор в лесах. А с ним и витражи».

Сентябрь 2023

* * *

Которая из этих трёх фигур
являла им действительность? Которая
стояла в банке в ожидании купюр?
Которая, избалованная одами,
была нейтральным полом?
Которая, на палубе сутулясь,
однажды ушла вдаль с ледоколом
и больше не вернулась?

Время не покажет. Время —
есть менее гибкое понятие, чем
принято считать именно теми,
кто угодил на плохо сотканный гобелен,
в самую сердцевину, туда, где битва
случилась вчера, а сегодня праздник,
то есть именно то, что пока не раскрыто
среди самых ярчайших красок.

9–10 сентября 2023

KEATS

По удаляющейся фигуре
он понял, что процесс удвоения
лица в воспалённых глазах —
во-первых, это страх,
во-вторых, унижение
перед смертью после всякой дури.

Он был слишком юн в те двадцать,
в том, по-видимому, пятнадцатом,
когда война закончилась войной,
а прежний бессмысленный строй,
когда не ограничились прадедом,
закончился, чтобы остаться.

По удалившейся новой эре,
о которой судили по туману и запаху,
он понял, что в постель
залетает пчела, за пчелою — шмель,
и что, выбегая из каюты на палубу,
уже не вспомнить о письмах Мэри.

Август 2023

RUE DUPHOT

Две колонны, трое святых.
Ветер вдоль сцены напротив затих.
Мрамор на одной из пляс.
Пахнет раем и адом.
Жизнь удалась.
Жизнь где-то рядом.

Треугольник из неба.
Орфография стен.
Круассан вместо хлеба.
Tarte aux pommes — дело вкуса.
«Дорогая Мадлен,
жизнь прекрасна, ступай к Иисусу».

12–13 августа 2023

2XXX ГОД

и вроде бы придраться не к чему
вся жизнь у Бога на виду
питались мирно человечиной
а после плавали в пруду
они любили так чтоб именно
закончилась эпоха чтоб
под ложью прогибалась истина
стреляя то в висок то в лоб
и белой ночью впрочем мало ли
насколько чёток был закат
ходили в красном надзиратели
и охраняли город-сад

2–4 августа 2023

РАЗВИВАЯ САМОЙЛОВА

Давай поедем в город,
где не родился никто из тех,
кто мог бы родиться и иметь успех,
где холод
находится где-то на уровне мансардных квартир,
а Марк по-прежнему не летает с Беллой,
где ты и я вскоре снимем черно-белый
фильм и дадим название «Пассажир».

Давай поедем из точки А в точку того
города, где на центральном вокзале
высился обелиск, толпились голуби и шагали
Франсуа Клико и вдова Клико,
чтобы, как писал главный имперец,
«Вошёл: и пробка в потолок»,
ну и не только — чтобы почистили чеснок
и поспешили нарезать перец.

Давай! Бог даст, успеем
взяться за руки и прогуляться вплоть
до пятнадцатого года, а потом — хоть
потоп, хоть Мариной и Сергеем
оказаться на улице среди фонарей,
где светает
всегда, где нет ветра, где хватит
слов с корнями, как, впрочем, и слов без корней.

30 июля 2023

И ЭТОТ ЖЁЛТЫЙ ЦВЕТ

На фотографии — цвет утреннего чая, два листка,
осколок синей вазы, дохлый муравей;
в углу заходит солнце, видимо, река
под солнцем; чуть правей

твоё лицо, что вновь искажено
забытым сном и рифмами; и далее — поля
пшеничные; за пустотой — окно,
которое намедни поделя

на несколько лучей, ты выбрала одну
лишь краску — жёлтую! — и этот жёлтый цвет
я принесу к закату. И пойму,
что нет бессмертия. И солнца тоже нет.

25–26 июля 2023

AND THEN THERE WERE NONE

Что б Вера Клейсорн ни сказала Ломбарду,
всё ж вот они, столпились в ряд,
наученные горьким опытом,
все десять негритят.

Опять штормит. Печальна наша Англия,
она России не пример.
В ней вкус цианистого калия
приятней, чем овсянка, сэр.

Что б с миссис Роджерс ни случилось около
полуночи, раздастся крик:
ведь действует не инсулярность острова,
а то, что где-то материк.

Что есть считалка? — просто околесица;
анапесты во сне и наяву.
Опять штормит. Так хочется повеситься,
а после — хочется в Москву.

И что бы доктор Армстронг ни советовал
принять от нервов натощак,
здесь замечательно. И именно поэтому
здесь всё не так.

18 июля 2023

* * *

Совокуплялась с облаком заря;
была зима; день первый декабря;
в стране и тех, и этих негодяев;
мне снился Гуттенберг поверх чернил;
а к вечеру я Кирова убил;
а вы считали — некто Николаев.

Затем аресты, кировский поток;
кому расстрел, кому пока что срок;
но главное мне снилось, что границы
открыты для мужчин до сорока;
а за стакан парного молока
дают в остаток неба превратиться.

А дальше — стёкла, чей-то полусвет;
мне снится незаконченный портрет;
там мама с бабушкой; и все покамест живы;
бегут по полю тени прежних душ;
а рядом грохот девственных катюш,
где расцветают яблони и сливы.

14–15 июля 2023

06/29/53

В тот минувший четверг, что до темноты
сливался с закатом в горсти,
тебе, чьё «ты»
не дожило до сорока пяти,
исполнилось семьдесят. Теперь,
когда, казалось бы, на скрип
гроба открывается дверь,
я немного охрип.

В тот минувший четверг,
вопреки
тому, что намечался не снег,
а июньское небо, чьи потолки
упиваются влагой, похолодел
над морем твой овальный вечный портрет,
с которого не краска, а просто мел
мог слетать на воду, но нет,

в тот, —
будоража небрежные сны,
парадоксально слетал обыкновенный пот
под триоли волны.
Это было не вчера, но позавчера.
И что-то там произошло.
Возможно, то худо, что без добра.
Возможно, то, что и есть зло.

11–12 июля 2023

УРОК РИСОВАНИЯ

Щепотка соли опустилась на картину
и застряла в районе носа
знатной дамы, напоминающей Полину,
что недавно улетела в Осло.
Пусть не соль земли — соль кухни,
где толпятся воспоминания, ветер
с юго-запада ускоряя к полудню
и приближая Альцгеймер.

Щепотка соли — как антоним веса,
как жужжащий шмель, застрявший сонно
в плюше скандинавского кресла
на фоне коричневого картона.
Уходи, исчезай в пучине красок,
как могла бы среди бесцветного теста.
Исчезай: этот путь краток,
ибо бесшумен, как ветер с зюйд-веста.

Июль 2023

ARUBA

Affirmatively sad, твоя панама
слетела с шевелюры Мандельштама,
а вместе с ней слетела голова,
закончившая дни на днище рва.

Плыви вдоль острова не брассом, не имея
ни плеч жреца, ни пальцев брадобрея,
не отвлекаясь на гиперболу волны,
рифмованной с параболой войны.

Вот вся она, горизонталь лазури! —
антоним зла, но всё же вестник бури,
когда по глади клювом бьётся пеликан,
а с ним и пролетарии всех стран.

2 июля 2023

ПЛАВАНИЕ

На палубе, оставшейся без крыс,
толпились мыши, обживая свежий мусор.
Один мышонок падок был на юмор,
и он блаженствовал, мурлыкая «кис-кис».

Шёл ливень. Била молния. Река,
казалось, не впадала больше в море.
Второй мышонок здесь рассказывал про горе
мышиное и запах мышьяка.

Ведь от несостоявшейся возни
остались планы на ближайшее столетье.
Но, как заметил бы мышонок третий,
не обойтись им было без гэбни.

Июнь 2023

BARZELLETTA

«Покайся», говорил Савонарола.
«И лоб разбей, но не касайся пола.
Что до Лоренцо — позабудь и прокляни.
Так мы с тобой останемся одни».

«Флоренция», учил Савонарола,
«Надёжнее без прежнего престола.
В ней слишком много мрамора и книг.
И каждый третий в храме — еретик».

«Ведь Бог», напоминал Савонарола,
 «Не смотрит вниз на нас без валидола.
 И спрашивает Бог у сатаны:
  „Зачем они такими мне нужны?"»

Июнь 2023

ИЮНЬСКИМ УТРОМ

А что там было, там, где поезд рвался
на части, а священник в ритме вальса
с женой Луиса торопился вниз
по улицам, а дом, лишённый крыши,
на десять метров становился выше,
а рядом не сгибался кипарис?

И кто писал там, где в дверном проёме
валялся гном в едва заметной коме,
а пёс сжимал обглоданную кость,
пока с пейзажа падала страница
о гостье, что мечтала удалиться
в чулан, где подавал ей знаки гость?

Да, что там было, там, где не любили,
а жили врозь в одной деревне Чили,
где облако, маяча глубоко
вдали, будило коз и воск ладони?

А гость — он оставался посторонним.
Он пил вино. И даже молоко.

17 июня 2023

ВОЛШЕБНАЯ ФЛЕЙТА

Геннадий Владимирович, то есть, папа Гена
для окружающих,
мечтал встретить свою Папагену,
чтобы влагалищем

сделать жизнь лучше, сделать жизнь веселей,
как при Сталине,
но, увы, Геннадий Владимирович был не разлей
вода с отчаяньем,

и всякой ночью уходил в сорочке куда-то
туда, где без опыта
военного он сражался со странами НАТО
и слушал Моцарта.

6 июня 2023

ПАСТЕРНАК В КИОТО

Душа освободилась от тридцатого мая
и превратилась в огонёк
на горизонте, а призрачный диск, не задевая
твоей ладони, на северо-восток

был направлен, как и солнце,
наклонившись градусов на тридцать,
поскольку японцы —
только они способны раствориться

среди лепестков парка, как будто
и не существующих на окраине лета,
как, скорее, не существовал Будда
Шакьямуни. Только я не про это.

Май-июнь 2023

* * *

Д.П.

Мария рожала. Волхвы разговаривали в стороне
о чём угодно, но только не о войне,
продолжавшейся уже второй год.
На горизонте было войско, то есть чей-то народ.

Мария рожала — естественно, последовал крик,
к которому каждый из волхвов привык,
поскольку с крика обычно начиналась ночь.
Итак: родился сын, или родилась дочь.

Мария спросила: «Какой у ребёнка пол?»
Услышав голос Марии, Иосиф подошёл
и сказал, улыбаясь: «Каким бы пол ни был, он
много позже в Кесарии будет изменён».

27 мая 2023

AB INITIO

Конечно — оно и кончено,
то есть переставлены буквы.
Сменив отца на отчима,
Антон заметил три трупа.
Ни зла, ни дуновения
в саду в прошедшую среду.
Конечно, разделились мнения,
но я сказал, что приеду.

Представим, что у погибели
есть два лица и три книги,
что к вечеру плачут родители,
обнявшись на улицах Риги.
Представим, что сострадание
подошвой скрипнет по камню.
За камнем — разрушится здание
и насмерть придавит Таню.

Затем не метель — метелица
начертит дорогу к морю,
поскольку и вправду не верится,
что скоро забудут Борю.
Затем напророчат агонию,
и взгляд будет не светоносен
в краю, где начнётся Эстония,
но не закончится осень.

12 мая 2023

ПРОГНОЗ ПОГОДЫ

Хотелось не Линду, а пива без пены,
чтоб через субботу вернуться из Вены,
где Рихтер опять не сыграл «ХТК»,
где дождь и туман, а без них — облака.

Хотелось повеситься, но обмануло
не столько желание — качество стула.
К тому ж был рассказ про чужой суицид,
где дождь и туман, но висел мистер Смит.

Хотелось не Линду, а покреативней,
чтоб дождь моросящий стал лондонским ливнем,
а Рихтер играл бы, и чтобы — бабах! —
был в пальцах артрит, а под пальцами — Бах.

7 мая 2023

ПРАЗДНИЧНО ПЕСЕННОЕ

А.М.

Надежда Фёдоровна, речь
опять пойдёт о Вас.
Ведь коль придётся в землю лечь,
так это только раз.
Иной бы лёг, но только не
в беспечной радостной стране,
вскормившей Зою К,
где всякий ученик Ваш — мент
среди георгиевских лент
от бёдер до виска.

Вот мы идём, весь третий «А»,
а рядом масло пролила,
точней, икры ведро,
не Аннушка, но Анна Б,
а мы гурьбой идём себе
с гвоздиками к метро.

И что-то мельком про войну,
про коллективную вину.

Надежда Фёдоровна, где ж
ты, мой родимый край?
Он там, где СМЕРШ,
где тёплый май,
где объявляет вертухай,
что в лагере мятеж.

Надежда Фёдоровна, вой
про то, что кто-то за ценой
не постоит, пора б
продолжить воем, только вот
как сделать, чтоб не каждый раб
выл так, как весь народ?

И снова мельком про войну,
про коллективную вину.

8–9 мая 2023

* * *

Прощай, страна, не возвращайся
ни маршем, ни гавотом для
ноги, застрявшей в ритме вальса
на палубе без корабля.

Прощай опять, когда в утробе
мог поместиться циферблат,
а час по-прежнему не пробил,
и стрелка светит в двадцать ватт.

Прощай — и с эхом ниоткуда
ступай на тридцать-сорок лет
туда, где снова пересуды,
а нас, alas, как прежде, нет.

5 мая 2023

202 BC

Меж ветром и властью — когда Карфаген
стал воском для смеха, чтоб после для стен
стать синью в условиях пыли, —
о нём на семь лет позабыли.

Орали коты — и в намеченный день
закончился месяц, и, думалось, лень
чтить прошлые, в общем, законы,
встав в парке на место колонны.

Трава — если рядом росла, то травой
она называлась под утренний вой
собак, подуставших от оргий
и всяческих там онкологий.

И да: здесь был ветер, а с ветром и власть,
и лев здесь рычал — так, что в старую пасть
пал город времён Ганнибала.
И города как бы не стало.

15 апреля 2023

* * *

Абдул привёл вторую жену,
но первая сказала: «Нет!»
Абдул заметил: «Я бы одну
любил тебя, но рассвет

с кем мне встречать, покуда ты спишь,
и храпят в хлеву сыновья?»
Жена ответила: «Просто я — тишь.
И смирение — тоже я».

Они помолчали немного, но
вторая жена подошла
к обоим, кивнув на большое окно,
и произнесла: «Аллá

велик, и нет, кроме него,
других богов над землёй.
И он создал рассвет для того,
чтоб встречать со второй женой».

9 апреля 2023

MERZOUGA

...в пустыне, где каждый третий — Саид,
где митрополит
(он же Гундяев) Кирилл,
мог бы — и, возможно, освятил —

всё живое и мёртвое, где
в каждой пятой бороде
таится память, и расслаблен луч,
продлевая ночь,

в пустыне, разделённой на два холма,
холм по имени «лето» и, кажется, «зима»,
где для песка
нужна не ты, а только твоя рука...

8 апреля 2023

ПЕСЕНКА-2

Барабаны, факелы, шатры.
У шатров как будто бы дары.
Бальтазар кричит Гаспару:
«А не жирно ли для дара?»

И Иосиф, якобы отец,
говорит: «Империи конец!
Всякое рождение
есть уничтожение».

Барабаны, бабы у котла.
Каждая по сыну родила.
И клянётся: «Мне отныне
не беременеть в пустыне».

7–8 апреля 2023

TOMBSTONE

Он ненавидел, вспоминая про объятья
под утро, или
любил её, как сорок тысяч братьев
уже любили;

он верил в Бога, а точнее — в перемены,
ополоумев;
он верил в бритву, не желая трогать вены,
но всё же умер.

5 апреля 2023

* * *

Ты помнишь, мы с тобой сидели
в кафе, по средам, где-то в Йеле:
болтали про развод Ю.Б.
и про конец архитектуры
в окне, вдали, где белокурый
фасад мерещился тебе.

Я помню, ты сказала: «Хватит,
давай уйдём». И так мы в Гарвард
пешком пошли. И над землёй
мы были тем, что полускрыто.
И, как «Любовники» Магритта,
закрыли лица простынёй.

27 марта 2023

RUE DE POISSY

Как всегда, он готов был держать пари,
что все эти алёнз анфан де ля патри
закончатся словами всякой твари,
которая надменно бросит «Твори!»

Его мысли, забредая вперёд, за горизонт,
спотыкались о мансарды, перебегая Понт
де ля Турнель, где, вздыхая о ком-то,
шла хрупкая дама, а за ней семенил Бальмонт.

Как всегда, он помнил, что последствия любви
зарифмованы глаголами, что, какой ни призови,
новый сон не отличишь от старой яви
из давно проданного RV.

Март 2023

* * *

Его волновал хаос, но он вслух говорил «хао́с»,
хватался за волосы и, вырывая клок волос,
рассказывал о своём городе, как о паутине,
иногда всякой Линде, но чаще всего Лине.

Его просили стереть граффити со старой стены,
а он считал, что по окончании той войны
городу нужны краски, чтобы новые дети
мечтали о море, небе, весне, но пока не о лете.

Его волновал хаос, но в целом этот вопрос
касался мира вне формы, когда обитают вразброс
настольные лампы, что светят, как будто нет толка,
а всё отступает назад, к сплаву тумана и воска.

15 марта 2023

ПОТОМ

                                        Р.Т.

Здесь был Кавафис. «Ёлочка, гори!» —
кричал в Астории.
Что это — если не жизнь внутри
учебника истории?

Стена без света. Чей-то мотылёк
здесь полз без паники.
А мелкий бес был предсказуемо жесток
в делах архаики.

Стена без войн. Свеча не на столе.
Ушла кириллица.
Всё, что соскальзывает в небытие,
потом напишется.

                                        12 марта 2023

ПОРТРЕТ И ИНТЕРЬЕР — 11

Чем больше слов — тем глубже лес.
Чем больше пыли — тем шире глаз.
А Александрия Окасио-Кортес
напоминает Фурцеву анфас.

Что делать, если где-то дойчланд йбер
аллес, а ты пока не умер?
И если пар от вертикали водопада,
а рядышком пасётся стадо?

Вот так, мой друг: снимай пальто,
набрось его на стул, а то
забудешь к вечеру, как рифму
былого ливня.

7 марта 2023

* * *

Рама захлопнулась. Романтика стекла
с кваканьем пасты из тюбика
поползла вниз туда, где «Похвала
глупости» лежала, а Ithaca

представлялась не водопадом, а лишь
убежищем Набокова в сумерках,
где пятый «А» и какой-то там малыш
блуждают, где остальные умерли,

поскольку что на самом деле стекло —
если не воспоминание про «кончилось»,
которое опять под вечер занесло
не туда, а рама захлопнулась.

4 марта 2023

ТРУМЕН ПЕРСОНС

Мотылёк превращается в пыль,
сокращаясь вместе с рамкой на горизонте,
догоняя двухдверный автомобиль
и прячась в капоте.

Старомодная девушка в руках
держит книгу «Хладнокровное убийство»,
где не столько пыль — страх,
а затем некая случайная искра.

Что осталось от вечера? Ни одного
поползновения в сторону света,
напоминающего колдовство
на ужине у скелета.

18 февраля 2023

ДЕКАБРЬ 2002

В квартире на Цветном ты ввечеру
устало ела чёрную икру
и жаловалась на нехватку масла
для лампы, что к восьми часам погасла.
Тогда сказал я: «Весь я не умру,
со смертью, дескать, всё-таки не всё —
об этом говорил ещё Проперций», —
а ты вздохнула о щепотке перца,
и что из «то да сё» мне можно «сё».
Тогда вздохнул я, посмотрев на грудь,
в те годы что тебе принадлежала.
И ты решила: «Всё же воблы мало,
но вскоре папа может заглянуть», —
и что-то там о маме вскользь сказала.
Тебя ласкал я, словно Пастернак,
в объятьях Зины думавший об Оле,
Недаром ты спросила: «Что не так?»
А я ответил: «У тебя триоли
в Семнадцатой сонате ходуном».
Ты засмеялась: «Так уж ходуном?
Так это ж не соната — вся Россия
расшатана...» В тот вечер на Цветном
призналась ты, сняв трусики: «Прости, я
уверена, нам нужен прежний миф,
мы задохнёмся без былых идей,
нам требуются ветер и порыв,
а с ними — вера, лозунги, величье».
Я лишь заметил, что не миф, а в гаме птичьем

здесь нужен чародей иль Амадей.
И кто-то там ещё, не вспомнить ныне.
А под конец ты улыбнулась, что без дыни
не будет полным зимний адюльтер.
И я пошёл по Самотёчной вниз,
к театру Образцова, на манер
уставшей куклы повторяя фразу,
что «в этой жизни сколько ни е..ись,
в итоге всё равно страдает разум».
Шёл синий снег. Была почти метель.
Любая вертикаль казалась пошлой.
И я вернулся в крошечный отель,
где будущее представлялось прошлым.

3 февраля 2023

КОЛЛАЖ

С.Р.

МХАТ в постели, боль в искусстве, бой часов,
                                    без соло бой.
Рядом лекцию читает без очков Светлана Бойм.
Жизнь прекрасна, синь в закате, не без жёлтого луча —
это «Дар», а дальше только «Смерть Ивана Ильича».

Моль терзает шубу в чаще в самом раннем октябре.
Пуритане любят вечер, но вздыхают о заре.
Бродит Гарри Элкинс Вайднер, пассажир вне корабля,
не повесившись намедни — больно скользкая петля.

МХАТ без Нины и без Кости, сцена, люстра,
                                    скромный зал.
Зритель спит и видит Гарвард,
                    ах, проклятый «Люминал».
Жизнь прекрасна, бронза в листьях,
                    как в пятнадцатом году.
Живы все — в аду, в раю ли, всё же, думаю, в аду.

29–31 января 2023

ИЗ ДЖОРДАНО

Федора, душечка, убит был не Владимир
Андреич, чтобы там весь Питер
ни говорил, но, выстрелив, Нечаев
внезапно осознал, что вскоре он, как Гаев,
в Париже будет утешать сестру
за завтраком в кафе, но чаще ввечеру.

Федора, милая, возрадуемся пулям,
летящим мимо, и ветрам, что не задули
настенную свечу.
Я, как инспектор Греч, сегодня промолчу,
но ты, в Париже находясь, в его салонах,
понятно, многословна.

Федора, что уж там, покинув тиранию,
похеришь всё подряд, но годы ностальгии
маячат впереди.
И с вечным, ярким, мнимым выстрелом в груди
Владимир станет чем-то вроде груза —
да, грузом «двести» и голосом Карузо.

Федора, ma cherie, велением абзаца
письма, что было послано, не стоит возвращаться
туда, где от страны остались только оды,
где хороводы
беспечно водят мертвецы внутри избы
и видят в этом проявление судьбы.

Январь 2023

DE CONIURATIONE DOCTORUM

Вот окно, из которого после
завтрака виден юный ослик —
мыслитель, поверивший ноше,
называвшей себя Гошей.

Вот окно — типичная рама
и мухи на раме, привыкшие рано
слетаться, чтобы к полудню,
может, поспеть в гости к трутню.

Вот — и так! — сегодня ровно
семьдесят лет: из окна вагона —
деревни, песок, иногда бакланы,
хотя моря нет, что странно.

13 января 2023

НА БЕЛЫЙ СНЕГ

Этим утром он проснулся в прекрасной стране
и понял, что пока не проснулся.
Фотографии на стене —
он сам плюс папа и тётя Маруся —
желтели под давно треснувшим стеклом,
готовым сорваться к паркету
в ожидании лета,
пока за предсказуемо убогим окном
шёл снег.

Этим утром он понял, что смерть стекла
сильнее физиологии, что будто
бы должны звучать не колокола,
а инсультом
вызванные мысли, что с детства им,
этим мыслям, внушали про подвиг,
про то, что счастье — это когда пофиг
само счастье, про третий Рим
и про снег.

Этим утром он услышал, что «снег идёт»,
пел Никитин, трапеция абажура
прижималась к тахте, а вчерашний звездочёт
казался мёртвым: его фигура
теперь напоминала страну —
бесконечно сонную, но всё же
мёртвую, где сколько ни кричи «О боже»,
не поменяешь гробовую пелену
на белый снег.

8 января 2023

* * *

Там сны, дома, плюс окна без обители,
плюс Петербург.
Там рамка с фото глянцевым,
и Третья улица Строителей,
и в бане выпивший хирург.

Мосты, огни, бомбоубежище
и вакханалия теней
с охватом в целое отечество,
где кто-то, если жив ещё,
то, вне сомнений, всех живей.

Асфальт под снегом, виноватые
под утро без вины.
И то вино, в котором истина.
И даже бронза прежней статуи,
чьи кисти не видны.

2 января 2023

MONT-TREMBLANT

Площадь в центре, как в мелком европейском городке,
вместо собора — ёлка, вместо ратуши — La Forge.
Снег вместо ветра, а вдалеке
огни, напоминающие ложь.

Очереди в рестораны, вдоль — вертикали лыж
под клетчатым небом, затянутым в молочный корсет.
Где-то между — соитие двух крыш,
оставшихся тет-а-тет.

Предсказуемо завершая двадцать второй год,
силуэты есть мысли, а мысли затёрты войной.
А иногда кажется наоборот:
что он лишь начался, этот двадцать второй.

28 декабря 2022

* * *

Отрубленная голова продолжала читать Рильке.
Немного величаво, под Джона Гилгуда.
Явно отказываясь навсегда смыкать веки.
Уходить ей было действительно некуда.

Отрубленная голова — как часть эшафота,
подобие клумбы без лепты садовника.
Машинально ещё делает что-то,
но машинально звонит только колокол.

Отрубленная голова — небо с радугой сверху,
полукруг палача, предвкушение шейное —
отныне всё в прошлом, как остаток эха,
то есть остаток Рильке, как нечто семейное.

24–26 декабря 2022

* * *

а дальше постановочные кадры
зима скрип стёкол куртки и о боже
партер буфет плюс вешалка театра
да нет не боже а всё то же

не вера в будущее вера в веру
которая пришла уставшей ночью
как будто вифлеемская гетера
склонившая гаспара к многоточью

а Бог сидит но чаще на галёрке
лишённый глаз хотя не без бинокля
и повторяет что мне их разборки
что множатся на смех на плач на вопли

Декабрь 2022

CALLE LARGA MAZZINI

Б.Ш.

Ты выдохни и вычеркни, затем
закройся маской: ты
в Венеции,
где нет ни тем,
ни изобилия воды —
лишь вариации.

Твой кашель — только ложный круп,
возможно, грипп,
а под балконами —
сосульки и утопленника труп
плюс Мерил Стрип
с плечами голыми.

Перепиши: пусть несколько страниц,
зачёркнутые по
вчерашней прихоти,
летят к лагуне, закрывая птиц,
застывших высоко
у зимней пристани.

Январь придёт, продолжится война,
из окон чей-то снег
опять повалится.
И вскоре не останется окна,
чтоб вместе в полночь проводить четверг
и встретить пятницу.

17 декабря 2022

EL SIGLO DE ORO

Дорогой Филипп, посланная Армада
англичан разбила вконец и, надо
полагать, что в рамках ностальгии
не вернётся в Испанию без Марии.

Дорогой Филипп, жизнь вдовца — ох уж эти
четыре могилы, бесконечные дети
плюс тысячи слуг с восторгом детским:
сплошной депресняк, а помолиться не с кем.

Дорогой Филипп, от эшафота до бога
каждый полдень — одна и та же дорога.
Рубят испанские леса во имя
того, чтобы после укрыться ими.

Дорогой Филипп, скоро в Эскориале
ты испустишь дух, дабы не знали
твои потомки ни света, ни полумрака —
испустишь, скорее всего, от рака.

Дорогой Филипп, но в России будто
бы ещё херовей — очередная смута!..
Посему ты слезу всё ж возьми да вытри:
там лет сорок править будет царь Дмитрий.

3–5 декабря 2022

* * *

Вот окно: панорама и гавань,
как-то много воды для рассудка,
близ которой намеченный полдень —
бой часов, но без стрелки.

Вот окно: облачись в занавеску,
чёрт с ней, с тогой, затем с подбородка
подними незаметную маску
из двадцатого года.

Вот окно, где ты не отражался,
если вспомнить, ни ливнем, ни трутнем,
да и дом уже не сохранился,
лишь канал да дорога.

1–3 декабря 2022

ЧЕТЫРЕ ВОПРОСА

Зачем приплыл, мой друг забытый,
на остров Бали,
куда дотоле сибариты
не доплывали?

Зачем читаешь те молитвы,
где нет ни звука
о настоящих целях бритвы
вблизи бамбука?

Зачем гибискус, лавр и лотос —
волхвов подарки —
слились в твой вечно спящий образ
в соседнем парке?

Зачем при лёгком дуновеньи,
под шум кремаций,
стучит твоё сердцебиенье? —
не воз-вра-щать-ся!

24 ноября 2022

ПОД ПАРИЖЕМ

Как он прекрасен, этот разрушенный куст
над мостом, вдалеке, где жил Пруст,
где Гоген вспоминал о Панамском канале
и как кричали

чёрные обезьяны, лишённые волос.
Как он прекрасен — над мостом, где ты рос,
не читая, позабыв, что есть галереи,
чтоб полвека спустя, не старея,

торопиться сорвать эти листья с куста,
пусть туман — он не тот, и роса — пусть не та,
и куда-нибудь снова начать торопиться,
размножаясь на лица.

12–13 ноября 2022

* * *

...Мой милый Фортинбрас, всё кончено, и все мертвы,
во всяком случае, с точки зрения травы.
И костолом в погонах, и режиссёр «Трамвая
„Желание"», и кто-то, уж не знаю,

где именно прославившийся, точно не в Москве, —
они обязаны прошедшим временем траве.
И звёзды снова где-то, и аристократична
душа средь облаков: ты лично

сумеешь убедиться в этом наяву,
скорее приезжай и подстриги траву.
Теперь, сам понимаешь, вновь ноябрь, и снова горе.
А ты там засиделся, в Эльсиноре.

3–4 ноября 2022

СТАТУС-КВО

Ни ветра, ни влажности. Только пустота
обрамляет жалюзи близ моря.
Волны анапестом делают та-та-та,
пеликанам безжалостно вторя.

Вчерашние звёзды вновь обступили меня
и застыли вполоборота.
Пойду почитаю Прилепина: его хе.ня
посильнее, чем «Фауст» Гёте.

26 октября 2022

ПОДАРОК

Отрок и подобье стада.
Мать, которая не видит.
Данте у порога ада.
Отдых на пути в Египет.

Кресло с удлинённой тенью.
Лунная Сусанна в море.
Город с видом на деревню.
И Пьета без слов и горя.

Это просто Прадо, детка.
Чинквеченто в своём роде.
Вот альбом: укрась им клетку
и не думай о свободе.

18 октября 2022

ПОРТРЕТ И ИНТЕРЬЕР — 10

Отрезанный ломоть, упавший в харчо,
опускается в трясину гущи,
не задумываясь ни о чём,
не веря в день грядущий;

отрезанный — пока идёт война,
пока играют фаготы,
а в соседнем доме эта вина
уже не его, а кого-то

другого — будем считать, что твоя,
и добавим в прямоугольник
простого ада, созданного для
того, чтобы не писался дольник.

12 октября 2022

ПОСЛЕСЛОВИЕ

Всё же яблоки падают с соседнего дерева,
а с ними — листва.
Всё ж октябрь закончился вроде бы пятого,
а с ним — и слова.

Вот на карте Cape Coral, где ни неба, ни облака,
а только вода,
что несла вдоль канала раздетого наголо
вчера и всегда.

Улыбнись, милый друг: то пройдёт, а останется
твой простой фа-диез.
Те же губы, тот дом, да и — боже! — та улица,
что ведёт в чей-то лес.

5 октября 2022

СОНЕТ БЕЗ ДВУХ СТРОЧЕК

Что за надпись под тенью на фонаре:
не в твоём — тогда в соседнем дворе?

Что за парк открыли на месте пепла
под новый тук-тук военного дятла?

Что за шарик, летевший по парку без гелия,
пока одни бежали, а другие верили?

Надевай шинель, не снимая пальто:
про «что» отныне не скажет никто.

Собери детей, дай в дорогу Шварца:
в один из дней успеете попрощаться.

Посмотри на карту: на полёты без гелия.
Вот Лаос. Вот Чад. А вот там — Боливия.

22 сентября 2022

ПЕРЕД РАССВЕТОМ

A.R.

Представь себя в какой-то точке А
стремящимся подъехать к точке С,
не находя слова,
не ведая, что будет там, в конце,

там, за углом, за поворотом, как Самойлов
писал. Представь, как падают лучи
на медленный паром, и как назойлив
твой си-бемоль, что скрипачи

в «Andante» Шуберта растягивают на
два лишних такта. И представь,
какой была бы крошечной страна,
коль в ней ценилась явь.

14 сентября 2022

РАЁК-2

Не умолкает ария,
взволнован до-диез.
На сцене Александрия
Окасио-Кортес.

Доходы делят поровну.
Бессмертен BLM.
Иные шепчут в сторону:
«Барух Ата Хашем».

Тоскуют по блеснувшему
в окне, хоть нет окна.
И стен здесь нет, что к лучшему.
И крыша снесена.

Представится оказия,
и явится пророк:
чтоб кончилась фантазия,
а с ней и сам Нью-Йорк.

9–10 сентября 2022

КАКОЕ-ТО ВРЕМЯ СПУСТЯ

...Травой покроют и посадят рядом ели.
Где были виселицы — сделают качели.
А если пошевелится земля,
то скажут, что усилием шмеля.

Напишут марш: о том, что танки наши быстры.
Родятся дети: большинство in vitro.
А старики естественный маршрут
забудут и в итоге не умрут.

3–5 сентября 2022

1 СЕНТЯБРЯ 1986

Почти семь лет. Тень ранца. Моросит.
Смрад гладиолусов. Спокойная на вид
Надежда Ф. Колонны и решётки.
Завхоз. Ступени. Фото с Зоей К.
Гул старшеклассников. Арпеджио свистка.
Осанка швабры. Ну и зад какой-то тётки.

Вот так оно случилось. Так оно
вписалось в память и вошло в бородино
отдельных снов вдоль пушек новой яви —
убогой школой и, естественно, страной,
где найденный лирический герой
слагает песни о другой державе.

31 августа 2022

АВГУСТ В ЛЕСУ

А.Д.

Она кричала: «Борька, Борька!»
И последний бежал за кокосами в лес,
спускаясь по новоявленной горке
из мокрой листвы вниз
туда, где рептилии преображались
в ночную кору, оккупируя ветку,
пока из окна доносилась Каллас
и напоминала Нетребко.

Она кричала, а домик на сваях
ходил взад-вперёд, как на Руси
и принято, хотя стоял в Парагвае
или там, где кого ни спроси
о России, вам ответят: «Бл.ди!» —
по-испански, и добавят: «Орки!» —
пока из окна доносится дятел
и стучит вослед о чём-то Борьке.

27 августа 2022

Е. П.

Сегодня вам исполнилось бы шестьдесят два,
в годовщину пакта Молотова-Риббентропа,
в эпоху Лаврова, когда прошлогодняя халва
больше не застревает особо

среди моляров, а на ресницах комнатная пыльца
не остаётся после сна, вращаясь рядом.
Я помню ваш голос, но всё меньше контуры лица,
внутри которых Босх был, как и принято, адом.

Я помню ваш май, то есть кухонные огни,
то есть день, что нёс исход, но не гибель.
Через четыре часа наступил, каким бы он ни
был, июнь — и всё! — каким бы он ни был.

23 августа 2022

САН-ХОСЕ

Поехали в отель, где Джон Ф. Кеннеди
провёл две ночи в шестьдесят втором,
а впрочем, годом позже, незадолго
до выстрела чуть севернее. Выстрел
случиться мог и раньше, так как пуля
является лишь производной воздуха,
чьи трубы воют «Hail to the Chief».

По-моему, я помню, как всё было.
Джон вышел из машины, а Жаклин,
беременная, в светло-синей шляпе,
осталась позади, из лексикона
французского построив две-три фразы
на местном языке. Джон шёл вперёд,
а братец Бобби что-то в адрес Линдона
нашёптывал небрежно Раску.

День начинался с полукруга, солнцем
вращая обручальное кольцо
и упираясь в пальму. Secret Service
был незаметен в бежевых рубашках.
Жара вне влажности и берег без песка
сопротивлялись разве только ветру.
И пахло ленью, летней ленью. Не хватало
какой-то бронзы, чтобы новый пьедестал
был возведён, а в будущем разрушен.

Август 2022

ЭМИГРАНТСКОЕ

Вишневской не было. Была глухая полночь.
По Бостону метался Ростропович.
И восклицал в сердцах: «Какая сволочь
стащила мой единственный смычок?»
Казалось, что душа осталась в Йеле,
а разум — в Гарварде. И что на самом деле
теперь он сможет без виолончели
прожить, хотя и раньше, вроде, мог.

Прекрасна жизнь, когда не надо Баха
играть в стране, где слишком мало страха,
где с фраком не соседствует рубаха,
а в яме можно бегать босиком.
Прекрасно где-то там, за занавеской,
где слышишь голос, столь волшебно резкий,
что тотчас вспоминаешь о Вишневской,
стоявшей с новокупленным смычком.

2022

* * *

Конечно же, лес впереди. В нём избушка и леший.
Потомки сажавших стреляют в потомков сидевших.
Снаряд долетает без свиста, ссылаясь на довод
мишени, за тенью которой когда-то был город.

Слегка моросит. Облака. Впрочем, «ка», но без «обла».
Сперва в новой краске висок, а за ним уже горло.
Четыре умножат на два и разделят на ставший
infinitus лес под прицелом потомков сажавших.

24 июля 2022

DIVI TREE

Гни, деревце, свой ствол,
похерив лукоморье,
чтоб кот, меняя пол,
лизнул гуакамоле,
а после разболтал
секрет нескромным ушкам,
что он транссексуал,
как и задумал Пушкин.

Гни, деревце, чтоб кот,
на вид немногословный,
не схлопотал бы от
Арины Родионны
за «мяу» ввечеру,
за цап-царап в постели,
за фразу «Я умру
не в Гарварде, а в Йеле».

Гни, деревце, свой ствол,
хотя не скоротечен
кошачий произвол
на фоне русской речи,
в чьей миске молока
плывут два-три глагола,
не найденных пока
в словарной мгле монгола.

18–20 июля 2022

HYANNIS

«Напиши, как там жизнь на болотах».
«Линда Филиппс почти умерла».
«Захлебнулась от спермы и рвоты?»
«Представляешь? Такие дела!..»

«Коль увидишь, привет дяде Тому».
«Он проводит досуг в камышах».
«Как здоровье? Всё та же лимфома?»
«Рака нет, но главенствует страх».

«Ну а как поживает Ребекка?»
«Рвётся делать четвёртый аборт».
«Нет в ней тяги создать человека».
«Кстати, что там теперь Supreme Court?»

«Наконец, Стиву только поклоны».
«Он из Гольдмана в мае ушёл».
«Заработал, небось, миллионы».
«Заработал и помер, осёл».

16–17 июля, 2022

НАТЮРМОРТ

Б.К.

без плиты огонь и ужин;
страсти барда в муравье;
стул опять полуразрушен;
отдыхает пресс-папье;
ферзь ладью бездарно ищет;
кактус мокнет у окна;
над эскизом пепелище;
в треть минуты тишина;
млечный путь почти не виден;
ртуть тиранит циферблат;
гена признаётся лиде;
лампа дышит в сорок ватт;
хрипы дойчланд übер аллес;
трутень тонет в мыльной мгле;
лемешев поёт как каллас;
рюмка водки на столе.

16 июля 2022

ЛАРИСА НИКОЛАЕВНА

Она родилась в эпоху Большого террора,
точнее, лет через двадцать после начала
террора. Её отец работал под Косиором,
во всяком случае, так она считала.

Отца не тронули и семье скоро дали
квартиру плюс дачу неподалёку
с прислугой, пайком, но эти детали
она не помнила, поскольку

она просто верила, а простая вера
есть разум минус память, для которой
нет окон, нет стёкол, — а лишь портьера,
где прячутся родственники Косиора.

Июль 2022

ИЗ БЛОКА

Ты помнишь болота Кейп Кода?
Там было немало народа.
И Катя писала: «Не мало».
Писала и часто давала.

А позже, возможно, не летом,
она сочинила об этом
рассказ, где, покрытая тиной,
жила в камышах Коломбина.

А кто был Пьеро, для Кейп Кода
всегда посторонний? И кто был
его Арлекин, что в объятьях
в те дни просыпался без Кати?

9 июля 2022

MIDTOWN WEST

Приоткрой окно и, не впустив духоту,
подели меня на себя, а Финкеля — на ту,
с которой он жил, небритый, дикий,
раздражённый, одним словом — Финкель.

Мне несколько обидно: ведь он мог сочинить
«Хижину дяди Тома» или «Убить
пересмешника», а вместо этого где-то
в конце девяностых он женился на этой.

Я встречал его часто, мы ходили в «Самовар»,
он здоровался с Капланом, садился за барную стойку и, глотнув чего-то малость,
он объяснял, почему не получалось.

Приоткрой окно — и, возможно, на звук
наших голосов, ближе к полуночи вдруг
влетит Финкель, чертыхаясь деловито,
что нет, он не умер, а окно — да — закрыто.

26 июня 2022

* * *

И вот она взошла, товарищ, верь,
и каждый, вроде, рад.
Им было всем за двадцать, а теперь
на вид под пятьдесят.

Теряясь в прилагательных, звезда
с квадрата потолка
роняет свет без вымысла туда,
где только тьма пока.

И каждый, наслаждаясь этой тьмой,
устало повторит,
что хрен с ней, с появившейся звездой:
пускай себе горит.

23 июня 2022

* * *

Мужчины и женщины двадцать лет спустя
пришли на похороны: кто в чёрном, кто в том,
что позабудется. Было солнечно, хотя
хотелось ливня, чтобы волосы молоком

были к вечеру омыты, перевоплощаясь в седину,
как поверх травы это делает земля.
Было солнечно, и никому
не пришло в голову отыскать журавля

в густонаселённом небе, все двадцать лет
хранившего веру в ветер и материк
на общем фоне кладбищенских примет,
к которым, по-видимому, никто не привык.

Июнь 2022

ПАМЯТИ MZ

Где пальма на скале, а корка льда
под сумерками, — ты, отныне в белом,
не первая, ушедшая туда,
оставившая хор без слов и мела,
несёшь с собой листки календаря,
чей каждый день — второе января.

Чтоб ни писал поэт, печаль и даль
привычной рифмой сокращают дольник,
поэтому твоя горизонталь
позволит сохранить не только вторник,
но и количество шагов на полпути
меж Гарвардом и, скажем, MIT.

Что кончилось со смертью? Беглый взгляд
вполоборота, свет в углу прихожей,
цветок, однажды красивший наряд,
и голос, на другой столь непохожий,
что формула надмирной глухоты,
вне всякого сомнения, есть ты.

Нам с детства объясняли: бог в душе,
а заодно — в твоём карандаше,
каким опишешь, он, литературный,
таким и будет, и такой он, бог,
каким полуагностик видит слог,
назло глаголам гроба или урны.

Да, пальма на скале — и да, ты там,
где будущее в прошлом, а вискам
неведомы седины и мигрени,
несёшь листки, а с ними — доброту,
пройдя, казалось бы, полуверсту, —
несёшь и не отбрасываешь тени.

И дальше — не стена, не край земли,
а сквозь онкологическое «пли!»
калитки скрип, и ей, полуоткрытой,
не привыкать к гвоздям поверх чернил,
да и сейчас Вергилий начертил:
«Nel mezzo del cammin di nuestra vita».

12 июня 2022

ТРЕСКОВЫЙ МЫС

(Любовная история)

На кейп-кодовских болотах,
в провинстаунских кустах
жил да был картавый Кто-то,
наводящий речью страх.

Окуная ноги в тину,
строя дом из камышей,
он любил Ленивкер Зину
и хотел иметь детей.

Зина весила под двести,
впрочем, фунтов, не кило.
И мечтала с Кем-то вместе
просыпаться всем назло.

Ей хотелось с Кем-то как бы
быть собой без озорства:
с нежностью озёрной жабы
и таинственным ква-ква.

Вся в прыщах и бородавках,
Зина знала, что вот-вот
к ней придёт ласкаться Кафка
(так здесь звался рыжий кот).

Ну а Кто-то был поэтом
и писал хореем ей:
«Я люблю тебя, но это
вряд ли повод для страстей».

Зная ярость Зины, Кто-то
продолжал: «Прошу, не злись.
Здесь условия болота.
Если тяжко — утопись».

И заканчивал: «Но если
ты решишь ужалить вдруг,
отправляйся в город Мэшпи:
там пристанище гадюк!»

1–2 июня 2022

ПОРТРЕТ И ИНТЕРЬЕР — 9

Его привозили беззубым, в коляске.
Он улыбался, но не без опаски.
На него падала тень вождя,
а он думал — капли дождя.

Вокруг бегали дети, медсёстры.
Он просил не морфий, а ноты.
Как казалось, он некогда играл,
и так, что радовался зал.

Ему говорили про рак желудка.
Но он понимал, что это шутка.
И что, насвистывая гавот
Массне, он их всех переживёт.

29 мая 2022

ВАШИНГТОНСКАЯ БАСНЯ

Однажды в девяностые, в эпоху до айфонов,
по набережной города гулял В. П. Аксёнов.

Он был одет в коричневый пиджак, но без берета,
казалось, было холодно, хотя стояло лето.

По озеру плыл парусник с единым пассажиром,
который мог быть узником, а мог — и конвоиром.

Бежал терьер без повода и поводка, а белка
пыталась прыгнуть в озеро, где, впрочем, было мелко.

Над головой восторженно и даже первозданно
кружил герой Сикорского, калеча шум фонтана.

И, наконец, был аромат свисающих с балконов
растений без названия. И им В. П. Аксёнов

поведал без иронии: «Чтоб там ни утверждали,
но басня может кончиться порой и без морали».

23 мая 2022

БЕЗ ЗАНАВЕСА

Ступени, рядом синий мост,
два крика, смех, за ними шёпот
в стране, где ночью снится Роберт,
но не Рождественский, а Фрост.

Налей лимонный сок в вино
и, отражаясь в гневе стёкол,
забудь того, кому ты хлопал,
чтоб снова выпрыгнуть в окно.

А после: всё, что произнёс
не в микрофон, спиною к залу,
отправится на дно бокала,
оставив сцене сколиоз.

18 мая 2022

НА РАБОТЕ

Про ДНК, естественный отбор
он утром разговаривал с помощницей,
Она смеялась и точила ножницы.
А он напомнил поточить топор.

Был майский день, и вместе с ним — тоска.
И ей, не обделённой женским опытом,
хотелось перерезать горло Роберту.
А он считал, что лучше Джиму К.

Была любовь. Он обещал стареть
вдвоём на берегу восточной Флориды.
И оба были так прекрасно молоды,
что искренне хотелось умереть.

14 мая 2022

HARVARD-YALE

Небо марево варит,
ложку соли обдав кипятком.
Продолжается Гарвард,
оставляя восток на потом.
Из двух снов, что приснятся,
он запомнит лишь тот, где ноздря
свежесть жёлтых акаций
помечает без календаря.

Византийское лето
поделив на январь и апрель,
он воскликнет: «Карету!» —
и отправится вечером в Йель,
не ссылаясь на «Камень»
и пометки на синих полях,
для Васильченко Ани
он отыщет и урну, и прах.

А затем в полнолунье
будет ленно её обнимать.
Он прошепчет: «Ты — лгунья,
во-вторых, а во-первых, ты — бл.дь».
И она странной тенью
улетит, чтоб казаться вольней
и искать в воскресенье
новый рай и его колизей.

12 мая 2022

* * *

Посмотри в окно: статуя была, а теперь
на её месте копает ямку зверь.
Бронза взорвана, зеленеет в траве,
по которой проехал танк КВ.

Дорогой Валера, я получил письмо.
Мысли о том, что вести — дерьмо.
Читал «Чуму», смотрел «Случай в Виши».
Обещаю ответить. И ты тоже пиши.

5 апреля 2022

* * *

Четверг. Закончился недуг.
И нарисованный двумя руками круг
впустил в себя настойчивость не ветра,
а просто звук, что в ритме ретро.

Смотри в окно. У этого окна
вид на холмы, где не закончилась война.
Там Цельсий, комары, там мужики болтают спьяну.
Там вслух читают «Обезьяну».

Март 2022

* * *

Вот выход из комнаты, железная дверь,
где раньше был он, а теперь
квадрат из заброшенных книг и монет.
И больше здесь нет

примет от оставленного декабря,
нет вьюги, которую, благодаря
за явку в сочельник, опять
нельзя описать.

Март 2022

РАЗВИВАЯ БАГРИЦКОГО

                              А.М.

Птицелов устремился на юг,
где, якшаясь с пособником Кэрри,
он услышал глухое тук-тук
дятла в рясе, который и вере,
и отечеству отдал сполна.
И он понял, что это — война.

Птицелов записал на полях
книги, что позабыла Шарлотта,
про цвет дыма в нью-йоркских огнях
и про сон, где увидел кого-то
без лица с обручальным кольцом.
И он понял, что это — потом.

Птицелов, отвлекаясь на явь
и сжимая в объятьях Саманту,
объявил, что пускается вплавь
к берегам, где врывается атом
в сухость губ на высокой воде.
И он понял, что это — нигде.

                    4 марта 2022

В СЕМЬ ВЕЧЕРА

Трутень ринулся ввысь, намекая на ртуть
из домашнего градусника, из памяти:
дескать, если можешь, не позабудь,
ведь такая banality.

Трутень ринулся — и огненный шар
ослепил стрекозу, висевшую
на облаке, будто новый Икар,
устремлённый в охладевшее

пространство, где сам полёт
превращался в ауру,
разделённую на огонь и лёд.
(В скобках: это метафора).

2 марта 2022

ВОСПОМИНАНИЕ И ГЕРМАН

Была премьера. Гарвард. «Хрусталёв,
машину!» Я сидел, прижавшись к Тосе.
Она тогда спросила, мол, каков
здесь замысел? И было в том вопросе

эротики на двадцать с лишним лет.
Придя домой я, помню, сразу кончил.
А позже — чтоб какой-нибудь ответ
ей нашептать — я позвонил. Но отчим

взял трубку, и понёсся разговор
про «Лапшина», «Проверку на дорогах».
Я тотчас позабыл и Тосин взор,
и бюст, и речь в бессвязных диалогах.

Мы больше не общались. Я стремглав
влюбился в Тату (впрочем, мог и в Тоню).
А Тося, «Хрусталёва» не поняв,
похоже, родила кому-то двойню.

21 января 2022

1887 ГОД

Картина в коричневой раме висит.
Картина — пейзаж и портрет. Лунный вид
на речку, где Тютчев Дантеса убил.
Сперва отравил, а затем застрелил.
А слева от речки гуляет княжна,
и страстью лесбийской пылает она.
Но замуж ей в мае. И коль собралась
в княгини, то к марту появится князь
на Божий сей свет, осрамлённый луной.
И князь этот будет прекрасен собой,
чтоб Гришку суметь к Рождеству соблазнить:
сперва отравить, а затем застрелить.
Но Гришка воскреснет. Кружась на балу,
он без бороды нарисован в углу.

5 января 2022

ВОЗВРАЩЕНИЕ ИЗ ГОРОДА W

Б.Ш.

Тень мечется по комнате
и просится в окно.
Живи я в этом городе —
то спился бы давно.
Ловил бы рыбу в проруби,
гонял по кухне мух
и испустил бы дух
под фильм «Любовь и голуби».

А я живу, где в принципе
не существует смерть,
где, окружённый лицами,
не должен в них смотреть,
где каждый — Гамлет wannabe
на съезде местных мух,
где торжествует дух
под фильм «Любовь и голуби».

2 января 2022

ALLEGRETTO

1

Пылится чашка. Мёрзнет Трамп. Изящен чёрный мост.
Жан-Марк, ценитель древних ламп, стремится на погост,

где он читает из Рембо усопшим в уголке
и напевает страсти по Матвею и Луке.

А после: секс, прохладный душ, прогулка в лунный час,
беседа с доброй тётей Фруш, безлюдный Монпарнас,

бал тараканов во дворе, сонорный свист цикад,
и полнолунье в декабре, и воск свечей в шабат.

Всё то, что думает Жан-Марк по левый берег тьмы,
не соответствует никак реальности, но мы,

спеша с айфоном в тёмный лес, не будем осуждать,
тот факт, что сбросив лишний вес,
                                  Жан-Марк стремится спать

лишь только с собственной женой, сумевшей кое-как
в преддверье Третьей мировой погладить мужу фрак.

2

Война случилась, но потом жизнь оказалась проще.
Вино сменилось молоком, три парка стали рощей.

Часть дам с фамилией на «офф» к полудню овдовели.
Коты исчезли, а из псов остались спаниели.

Жан-Марк, пройдя сквозь Пляс де Вож,
                      в пенсне шагал к портному.
Под сюртуком бродила дрожь, а пятна меланомы,

на пару лет замедлив рост, покрылись бледным тленом.
И рядом снова был погост, но в этот раз с Верленом.

Жан-Марк, когда-то шер ами, — он стал друзьями беден.
Все умерли: борцы за мир, их дети и соседи.

По адресу Дантон Каторз посылки и депеши
лежали в яме чёрных роз, откуда крики: «Вешать

в пенсне — и лишь на Пляс де Грев!» — порою долетали
до тех, кто мог расплавить гнев
                      в жан-марковской печали.

2021

ПОРТРЕТ И ИНТЕРЬЕР—8

Задумчивость стула, соскальзывая с квадрата,
упирается в пиццерию «Персона нон Грата»,
а затем улетает по диагонали к балкону,
как и во время оно.

Осанка пальмы, предвосхищая бурю,
исключает сколиоз и саму шевелюру
из желтеющих листьев, от которых для тени
нет местоимений.

Уткнувшись в айфоны и населяя пляжи,
люди по-прежнему те же, и, кстати, та же
траектория берега, где волен не каждый
в условиях воды и жажды.

20 ноября 2021

CANTABILE

Отыщи расиста там, где искали троцкиста.
Кожа — она-то бела, но в душе не так всё чисто.
Враг — на то он и враг, чтоб прятать лицо под маской,
заверяя, что отродясь не мазал лицо это краской.

Сущность врага, как учил преемник Ягоды,
есть в уменьи надеть кафтан, вписавшийся в моду,
наделив его сапогами, каблучный чей грохот
есть намёк на то, что враг переходит на шёпот.

А за шёпотом — аккорды клавиш: похоже, соната,
похоже, Бетховен, что звучит, как звучал когда-то
при Гилельсе, когда пальцы, торопясь из неволи,
избегали диезов и тем паче боялись бемолей.

Ноябрь 2021

AERE PERENNIUS

Д.С.

Джон Гарвард бьёт баклуши по утрам
и щурится, завидев трёх японцев.
Гимн Греции звучит под скрежет рам
прямоугольных, и одно оконце
пылится в Thayer Hall, но не скрипит;
внутри юнцы, скользящие на койке,
там «Фауст», «Овод», «Доктор Айболит»
и страсти Нюрки после смерти Кольки.
Враг не сдаётся. Караул устал.
И некому блевать на пьедестал.

Светлана Б., не справившись с зонтом,
упёрлась бюстом в тень чужой ладони.
Из писем Лили получился скромный том,
а с ним — раствор в засаленном флаконе.
Виной всему, как прежде, Якобсон:
вот кто уж точно не дослужится до бронзы.
Твердит про правый глаз и новый сон
о Данте. Дескать, с правым больше пользы.
А левый, если малость приоткрыт,
то это путь в инферно Бикон-стрит.

Джон Гарвард, поборов туберкулёз,
но сохранив высокомерный кашель,
ворчит, что он пустил бы под откос
профессоров, что ежедневно бредят Рашей.
За исключеньем Брота. Ричард Брот —
чудесный пушкинист, хоть и зануда.
А остальные — чушь из года в год
несут. Про то, что не хватает чуда.
Про то, что кто-то больше, чем поэт.
Про то, что тьма есть тьма, а свет есть свет.

Ноябрь 2021

IN THE PRONOUN'S DEFENSE

Когда придут они, меня вздёрнут первым,
возможно, в начале января:
заберут из партера
и за ноги дотащат до фонаря.

Когда придут они, закончится «Тоска»,
а дирижёр превратится в тетиву.
Сэкономят на свете, а от воска
оставшийся след превратится в халву.

Когда придут они — будет полдень,
ещё не случившийся вопреки
осознанию того, что отныне очень
не хватает грусти, но хватает тоски.

Октябрь 2021

AN ASTERISK

Город прекрасных женщин и уродливых мужчин,
где закрыты лавка, рынок и торгсин,
а шум флага предоставлен отсутствию ветра,
пока кричат «Black Lives Matter!»

Город гордится, что с деревянного моста
видны не рога собора, а лапы кота,
любителя помечтать не о молоке — о какао,
пока кричат «Black Lives мяу!»

Городу восемьдесят лет, и за все
восемьдесят некоторые мысли о росе
невольно опускали занавес заката:
пускай не сейчас, но когда-то.

9–13 октября 2021

ПЕЙЗАЖ У ВОДЫ

Во вторник все бежали вдоль набережной
имени Джеймса Ливайна,
а дети не учились, вдоль котлована
гоняя мяч, пока набожно
общался с воздухом некто в синем,
силуэтом закрывая горизонт.
Шёл мелкий дождь, но и в помине
не было тех, кто мог бы раскрыть зонт.

«Быстрее, быстрей», — кричал судорожно
бездомный, разгоняя голубятню,
а листки, вероятно, с Шубертом бережно
складывая у воды, с видом на задний
ход, где сидел некто в белом
и подыскивал правильные слова,
после которых блестел парабеллум
и снова замерзала Нева.

Сентябрь 2021

ЖИВОПИСЬ В СЕНТЯБРЕ

Пыль рассыпается в горсти
и умножается на краски
холста, застрявшего в пути
среди огней и общей тряски,
где Красной Шапочке под стать
спросить: «Ты вправду из ООНа,
мой милый, добрый, славный волк?»
И волк ответит монотонно:
«Да, правда. И так хочет бог».

На белом, девственном холсте —
still life с кусками буженины.
Прилюдно споря о скоте,
в вагон заходят два раввина.
Один другому говорит:
«Картина эта — не Пикассо
и не Шагал. Прости меня,
но волк мог стать кошерным мясом,
поскольку волк не есть свинья».

Холст продан будет с молотка,
а бабушка умрёт к полудню.
Затем придут наверняка
Рош ха-Шана́ и пост в день Судный.
И волк в ермолке набекрень
картавым воем отзовётся,
повергнув в ужас весь вагон.
И Красной Шапочке придётся
бесстрашно путь пробить в ООН.

2019–2021

ПЕРВОЕ СЕНТЯБРЯ

Он тоже из эпохи печальной Надежды Эф,
из которой торчит сгорбленный гладиолус,
чьи граждане ныне на пенсии, ничего не успев,
даже оставить на автоответчике голос.

Вспоминая Ермолову — улицу имени, он
умножал восемнадцать на двадцать четыре,
после чего крестился, намекая на саксофон
как на главный звук в потустороннем мире.

Однажды она явилась — в белом трико, во сне,
с повинной, в огненном конусе пыли,
с томиком Максима Горького, цитируя «На дне»
и прочие фразы, которые давно забыли.

1 сентября 2021

ПОРТРЕТ И ИНТЕРЬЕР — 7

Он корректировал чужие биографии,
по средам сочинял по амфибрахию,
насвистывал — фальшивил! — «Марсельезу»
и на стене ножом чертил диезы.

Он не любил гулять (ещё до ковида)
в окрестностях приснившегося города
и осуждал полотна в красном цвете,
вздыхая: «Боже мой! То те, то эти!..»

Он холост был, жил с псом и в общем как-то там
снимал чердак убогий рядом с Гарвардом.
Мечтал стать мэром иль хотя бы брадобреем.
Он холост был, но, вроде, не был геем.

Июль-август 2021

УТРО

Дорога упирается в Tamiami trail,
в картинку из горизонта, которую склеил
слюной на рассвете,
пока Cape Coral спал и спали дети.

Проснись, подруга, и по левый берег канала
пускай горят мосты, под отголоски вокала
А.Н. из «Летучей мыши»,
а затем пусть совы замрут, и станет тише.

Дорога упирается — и до иного собора
всего-то чашка кофе и ломоть рокфора,
покуда ругают Запад
не то, чтоб отец и сын, скорее, дед и прадед.

22 августа 2021

АВГУСТ

Там что-то про камин и про свечу,
про чувства жертвы к палачу,
про то, что силуэт, укрывшись пледом,
прекрасен чёрно-белым.

Он жил, но вскоре собирается не жить
в Неаполе, где сохранить
все краски прежде ношеной рубахи
лишь может амфибрахий.

Влетит сова и захлопочет стрекоза,
опять появятся глаза,
застрявшие внутри сумбурной тучи
в ту полночь перед путчем.

19–20 августа 2021

ПОРТРЕТ И ИНТЕРЬЕР — 6

Он всё-таки больше вырос из Маршака,
чем из Чуковского. Все эти Федоры
и Тотоши, хоть и не служили в ЧК,
всё равно были частью конторы.

Надежда Ф., как, впрочем, и Нина В.,
Лариса Н., а с ней и полшколы,
по-прежнему где-то, скорее всего, в Москве,
читают «Чуко́ккалу», но говорят «Чукокко́ла».

Он всё-таки вырос. И общаясь с миром теней,
дешёвым вином наполняя треть бокала,
он восклицает лукаво: «Ах, дорогой Корней
Иванович, как там про одеяло?»

17 августа 2021

2002 ГОД

Он тоже жил в Бостоне. Выбегал на Бикон-стрит.
Узнавал, что Б. встречается и даже спит
с кем-то из MIT. Не то, чтобы в поисках итога —
хотелось баранины, хотелось и рога.

До тех улиц, точнее, до угла в честь того
молчаливого президента, в розовом трико
доезжала Б., насвистывая «Катюшу»
и цитируя Блока для тех, кто хотел слушать.

Где Б. теперь? Точнее, кто ей и когда
целует?.. — Не то, чтобы прошли года,
нет, но за площадью, за мостом, за погостом
закончился Бостон.

15 августа 2021

ПОЯВЛЕНИЕ ГЕРОЯ

Sean Hannity, поселившись напротив,
                               выходит к полудню,
напевая лесную мелодию, стрекозу и трутня
оберегая словами свободы, из-под каменной маски
сверкая зубами без малейшей подсказки.

Sean приветлив и весел, и даже он разговорчив —
наблюдая за штормом, медленно готов напророчить
насчёт семейства луж в рамках не всегда согласных
соединённых штатов: синих, как, впрочем, и красных.

Ибо что есть страна? Это когда ради вздора
на тротуаре есть краски, но триколора
не найти среди упрямого скопления капель,
пока Sean Hannity обживает местный Неаполь.

14 августа 2021

ПОРТРЕТ И ИНТЕРЬЕР — 5

Он засыпал, всё чаще думая о Нине.
Порой — о Нине и о Ванде Тосканини.
Ему хотелось, чтобы женская рука
его хранила под аккорды «ХТК».

Он засыпал — и знал, что в музыке он некто
другой, чем все: лишённый интеллекта,
лишённый Баха и парижских стен,
в которых можно сочинять а-ля Шопен.

Он засыпал и, как казалось, видел ноты
на небе плохо освещённой Сарасоты,
где там, за облаком в беспамятстве, иной
бемоль являлся женскою рукой.

11–13 августа 2021

ПОСЛЕ

Джон умер, а Томас и не знал, что до августа
Джон жил, рождённый в январе.
Позвонил Стив и сказал: «Пожалуйста,
отыщи немного песка на пустыре

позади дома и напиши некролог,
слов триста». Томас сказал: «Боже!» —
но в итоге написал намного больше
и рассмеялся, как только мог,

то есть насколько можно вечером
смеяться вдогонку тому, кто на
том свете ныне стоит с застенчивым
взглядом у квадратного окна.

10 августа 2021

БЛОК АТ 100

Ты помнишь? Вечные повторы
и позабытый триколор.
Из окон вид был на Cape Coral,
и с рифмы начинался спор.

Душа пыталась удивляться,
и аист августу мешал.
Делились числа на двенадцать,
и полустёртым был овал.

К полуночи была прохлада,
и учащался шорох сов.
Везде читали «Илиаду»,
и где-то жив был Гумилёв.

7 августа 2021

НА ЮГЕ

Одинокий Ки-Вест в темноте — как Кейп Код,
                                     только с пальмами.
Дом владельца котов и сигар с треугольными спальнями.
Две мансарды над белым крестом, где любили и верили.
Ну и площадь в честь Мэллори.

Нищета черепичных крылец — как итог
                                   сонной влажности.
Под окном тощий призрак Н.Т. в летней шляпе
                                     для важности.
У трамвая цыганка в трико удивляется прошлому.
Ну и памятник Оскару.

Запах бриза врывается в ноздри капризом провинции.
Ноздри, впрочем, под маской, а тень —
                                   под усталыми лицами.
Впрочем, тень не хранит пустоту так,
                                 как маской накоплена
пустота в доме Копленда.

5–6 августа 2021

ИЗ ЖИЗНИ ЛИОНА

В.Г.

Лион не замечал в кустах гэбни,
а всматривался в ближние огни,
невольно для шабата выбрав место,
как новый Лев Давидович, под Брестом.

Тряся бородкой, с белорусским говорком
Лион произносил: «Шабат шалом!» —
и добавлял: «Люблю, в начале мая
когда гроза сияет над Синаем!»

И в каждый Шавуот, из года в год,
Лион твердил, что любит свой народ
и что готов пожертвовать «за веру»
всем тем, что будет нужно Меркадеру.

1–2 августа 2021

ОТРЫВОК

«Ван Гог снова заблудился в Майами,
и снова первого августа».
Именно такими словами
начиналось письмо, начисто

позабытое теми, кто его когда-то
читал или просто держал в руках.
Неизвестен адресат, тем более — дата,
в прозе или в случайных стихах.

Неизвестно многое: этим Майами
и славится, ибо до иного полубога
дотянуться если не руками,
то, вероятно, кистями Ван Гога.

1 августа 2021

UPPER EAST SIDE — 2

Мартин был безусловно влюблён в Джеки О.,
возможно, его звали Стивом, но это неважно.
Лишь только Джеки открывала окно
на Пятой, в семнадцатиэтажном, —

как Мартин, с лёгким воплем «Это её рука!»
бежал, мимо голубятни, в сторону Мета.
Затем — по ступенькам, и якобы свысока
озирал туристов, не оценивших ветра,

охладившего местный северо-восток
офортами из будущего рая,
как будто душа пролетела наискосок
по контурам из девятнадцатого мая.

31 июля — 1 августа 2021

ПРОБУЖДЕНИЕ

День начался, оторвался от речи и прошёл вперёд
куда-то к горизонту, где копает свой огород
Кандид, параллельно охотясь на некую дичь,
вздыхая попутно: «Ох уж этот Илья Ильич».

День начался — и, будто пропахшая серой,
сельская местность в тандеме с христианской верой
превратилась в деревья с масками вместо листьев,
которые до смерча уже не очистить.

День — и о нём с некоторой грустью Панглосс
может задуматься — лишь несколько мыслей вразброс,
после которых предстанет без привычной скрепы
заснеженная отчизна или её бледный слепок.

29–30 июля 2021

* * *

Во Флори́де ей снились лишь католики,
два юных Генриха с какой-то бледной Медичи.
Бывало, к полночи раздастся первый колокол,
забрезжит свет в обход французской речи, — и

дымится горизонт варфоломеевский,
под флагом Тампы и под гимн, лишённый строфики.
Бывало, длится шум волны, и по-отечески
звучит гроза, и льётся чей-то кофе, — и

евреи, обнимаясь с гугенотами,
читают книгу Бытия в ночном Неаполе.
Бывало так. Бывало, там поодаль, — и
общались Генрихи, а иногда и правили.

Июнь 2021

CAPE CORAL

Толпы бездомных сов и людей без масок
обрамляют сюжеты из прежних баварских сказок,
в которых река вот-вот упрётся в овал канала,
брезгуя временем, которого немало.

Напиши за полночь, коли вспомнишь дорогого Франца,
что всем тем, кто уехал, отныне пора возвращаться,
что Грета читает по-русски и любит фильмы с Орловой,
что в целом забыт Багрицкий,
           за исключением «Птицелова».

Толпы бездомных сов — и по диагонали
полёты до макушки пальмы, где с осени обитали
твои мысли о грядущем в окружении местных белок,
застенчиво обживая левый берег.

6 марта 2021

ПЕСЕНКА-1

Его вели, но сам расстрел отложен был до Пасхи.
Ему хотелось лечь, заснуть и оказаться в сказке,
где красный цвет и жёлтый цвет, изба и кот в оконце.
Он будет спать, минуя смерть, а к осени проснётся.

Его вели, стоял апрель, чуть окрылённый мартом.
Вдали мерещился майор, склонившийся над картой.
Ведь заговор, бесспорно, был, и воск на Лиму капал.
Забрали всех: кого в гостях, кого почти у трапа.

Его вели, и он делил шаги двух конвоиров
на дни, что он не проживёт. Бесспорно, жаждав мира,
он добавлял, что новый бунт пришёлся б очень кстати.
И образ снятого с креста включал в тот знаменатель.

13 февраля 2021

СЮЖЕТ

Пантера, изготовившись к прыжку,
поглядывала на поэта, около
чащобы сочинявшего хайку
под музыку из фильма Ф. Ф. Копполы.

Поэт был лыс и, в общем, знаменит,
любил то женщин, то с шампанским устрицы,
совсем недавно перенёс перикардит,
виной которому неприсуждённый Пулитцер.

Пантера же, уверовав в обед,
стремилась к той двусмысленной гармонии,
которую не раз воспел поэт,
уверовавший в строфику Японии.

Январь 2021

РАЁК-1

Н.К.

Мечтает Василий начать двадцать пятого
писать про волхвов, про стремянку Иакова,
про то, как в деревне раскинут шатёр,
где квас и икра, где блестит мельхиор.

Он рад бы в шатёр, но без валенок холодно,
к тому же у люльки кричит Родионовна,
что надобно в храм, а за храмом — в постель,
где в поисках Леи отыщешь Рахель.

Младенец не спит. С робким профилем эллина
он смотрит туда, куда было не велено,
где дева не яблоко просит, а крем,
где что-то Василию шепчет Хашем.

25 декабря 2020

УВЕЛИЧЕННЫЙ ПОЛЯРОИД

На снимке в красном джемпере отец
стоит меж теми, что лежат на Востряковском
и на Донском. Видны хрусталь и мельхиор,
сациви и жаркое, угол стенки
румынской, за стеклом том Эренбурга
и «Нерв» Высоцкого.
Никто не улыбается,
за редким исключеньем Нелли Ян-ны,
когда-то отсидевшей восемь лет
под Пермью.
Почему-то в чёрном, мама
глядит не в объектив, а в зеркало,
повешенное вопреки овалу.
Дальше,
сжимающий фужер, как скальпель, дед
с белёсой шевелюрой.
Рядом Анна
Евсеевна, застывшая меж фраз,
как, видимо, иные застревают
между Донским и Востряковским. Или...

В ряду сидящих — некий незнакомец
в костюме, с бабочкой и слишком красным лбом,
соседка Инночка (гетера, по рассказам),
её супруг, наивный Костя Ульман,
и, наконец, ещё один хирург —
коллега по работе.

Какой здесь год? Какое время года?
У власти кто? Андропов ли, Черненко?
О чём беседуют они? О чём безмолвно шутят?
Какой здесь срок для каждого? Какой
диагноз в будущем? И знают ли они?.. —
а, впрочем, что им знать о датах, цифрах,
о том, что сохранит отдельный снимок,
о том, что в красном джемпере отец
их всех переживёт, а из предметов
останется овал, как очень косвенный
намёк на зеркало.

Декабрь 2020

ОСЕНЬ В АПСТЕЙТЕ

Рахманинов в цикадах — виртуальный
парк сквозь фасады, арки, не Центральный,
скорей, периферийный для зрачка.
Броди — то бюст под чащей, то под бюстом
том, оказавшийся переведённым Прустом,
а с ним — кот, цепь и вкус парного молока.

Рахманинов — и рядом краски, маски
под тучной готикой из местной Минневаски,
врастающей то в слёзы, то в дожди.
Броди, броди сквозь двадцать третий опус,
меняющий тот крик на этот возглас:
«Не жди меня, но и не уходи!»

Рахма... под бахромой не хаос — травы,
оставленные Хроносом вдоль правой
и худшей стороны одной из троп.
Здесь свет горел и, верно, были чувства
у дерева к кусту, и кто-то Пруста
читал взахлёб, терзая потный лоб.

Октябрь-ноябрь 2020

ПОРТРЕТ И ИНТЕРЬЕР—4

Он без устали рифмовал любую ересь,
публиковался, затем женился, потом
шестерых детей на Н, как Геббельс,
назвал и обзавёлся котом.

Он заплывал за буйки, за пеликаном
наблюдая со стороны и в тишине
вслушиваясь в любой безразличный атом,
распростёртый на волне.

Он так и не умер, как полагали другие,
ибо не дотянулся до небес.
Он просто однажды уехал из России —
уехал и, к счастью, исчез.

Сентябрь-октябрь 2020

НАБРОСОК

Я жил в гостинице, в которой Рене Флеминг
с акцентом пела про весну и про ручьи.
Была действительно весна. Был понедельник.
Был теннис. Были жёлтые мячи.

Была тоска на фоне местных нравов.
Была и Линда, о которой умолчу.
Был спаниель по кличке Александров,
в подгузник отправляющий мочу.

Был светлый путь — и помнится об этом
по маске клоуна, забытой у окна.
Была толпа. Кричали «Black Lives Matter».
Был цирк. А с ним — действительно весна.

Июнь 2020

ВЗГЛЯД СВЕРХУ

За окном — через сетку — молчаливая синева.
Кто-то пишет главу для «Окаянных дней — 2».
Кто-то на телефоне. Для нового страха
хватит толики Генделя и толики Баха.

Приоткрой окно максимум на треть,
чтобы, на ночь глядя, не зарифмовывать «смерть»,
а помянуть всуе тех немногих,
кто не умрёт, — ну и заодно для лёгких.

Сквозь окно — через сетку — память идёт вразрез
с колокольным контральто, решившим, что до небес
долетать непрактично, а для банальной веры
хватит воздуха города и его холеры.

13 июня 2020

ПОРТРЕТ И ИНТЕРЬЕР — 3

Он почесал размытый сифилисом нос,
задумался о будущем, деля
его на цифры, и негромко произнёс:
«А ведь умру я, бля!»

Он вышел в холл, не потушив в гостиной свет,
и посмотрел на холст, где под углом
был нарисован по альбомным фото дед,
расстрелянный в тридцать восьмом.

Он вспомнил Иру — ту, с которой он не спал, —
деля на натюрморт и пастораль
её лицо. И машинально прошептал:
«А ведь совсем не жаль!»

25 мая 2020

ПОРТРЕТ И ИНТЕРЬЕР — 2

Он любил то ли Рихтера, то ли Гульда —
сейчас уже никто не вспомнит.
Да и сам играл, как будто
перед тем, как покинул город.

Из двух кошек, мяукавших между
балконом и соседним подъездом,
он ненавидел белую, как и прежде
почему-то не брезгующую хлебом.

А в остальном — ну да! — посуда, стулья,
бумаги в неправильных папках,
речь, что вернулась после инсульта,
и не ушедший мартовский запах.

2020

ПОРТРЕТ И ИНТЕРЬЕР — 1

Он был шестёркой и картавил изрядно,
словно вождь, не озабоченный речью.
На насмешки отвечал: «да и ладно»,
а иногда — «ещё не вечер».

Он был грузным и болтал на те темы,
что касались диет и опер Верди.
Перед сном представлял, как вены
себе вскроет, не опасаясь смерти.

Он жил один, но на вопросы о браке
бормотал что-то о блудном сыне,
подавая собеседнику знаки,
которых не было и в помине.

2020

ИСХОД 19

            Б.Ш.

Говорит Моисею Хашем:
«Ты явился ко мне не с тем,
с чем хотел, разделяя на миги
пятьдесят пустынных дней».
Отвечает ему Моисей:
«Я пришёл. Так написано в Книге».

Говорит Моисею Бог:
«Этот праздник — один из трёх
упомянутых в Книге как праздник
не оставленных в прошлом теней».
Отвечает ему Моисей:
«Я пришёл. Я твой первый посланник».

Говорит Моисею Он:
«Твой народ теперь сотворён
вечным светом и краской багрянца,
что стекает с его сыновей».
Отвечает ему Моисей:
«Я пришёл. Я готов возвращаться».

9 апреля 2020

ЖИЗНЬ ВНЕ ЭПИГРАФА

Суббота в Оране наступила на три дня позже,
чем Марди Гра. По аллеям с криками «Боже!»,
то есть «Мон Дьё!», бежали Рамбер и крысы
в поисках лилий или хотя бы кипарисов.

Оран — обычный город: немного занудный,
чересчур солнечный, вымощенный вдоль безлюдных
улиц, являющий с колокольни собора
дилемму не звонаря, а скорее, Пифагора.

Был полдень, обыкновенный полдень, что в марте
напоминает рассвет, точнее, анти-
закат, когда под петушиные крики
раздаётся soprano castrato из «Орфея и Эвридики».

29 марта 2020

KUNSTHAUS

Шагни в окно, в которое как-то прыгнул артист.
Наискосок лети навстречу мансардам без стёкол.
Вдохни побольше сини, выдохни лёгкий свист.
И, как в сумерках тот другой, зарифмуй «стёкол»
                                        и «сокол».

Это будет осколок вечера, поделённый на шесть свечей,
под янтарную виолончель, схожую с той, что в Кремоне,
где циферблат разбивался о мрамор под скрежет ногтей
и отражался в неровном зеркале мужской ладони.

А потому шагни и забудь, что было однажды окно,
в которое ты глазел, как и принято февральской ночью,
понимая, что в вещих снах давно уже предрешено
всё, что придётся на век колхозников и рабочих.

22 февраля 2020

СТРОКИ ИЗ ГОРОДА Л.

Он проснулся в городе, где фрау Розен... что-то
собирала картины, преимущественно Пикассо.
Затем открыла музей, куда, как на работу,
теперь является, ждя своего часа.

Охраняя воду от песка, три фигуры
сливаются с тенью, отброшенной пляжем,
на котором от Жаклин, Марии-Терезы и Доры
не осталось ни упрёка, ни вздоха даже.

Тем и прекрасен холст, что отстранён от странствий
блудливой обиды, когда рок и терракота —
далеко не последние в жизни краски,
как, верно, считает фрау Розен... что-то.

16 февраля 2020

IN RETROSPECT

Прекрасная улица, где жил то Константин, то Марк,
где фонари освещали кое-как
мансарду художника в берете, гневно
писавшего с натуры Полину Сергевну.

Прекрасная — и звёзды врасплох, на холсте,
четвёртого февраля предсказуемо не те,
обещанные в октябре, кажется, двадцать второго,
под надписью «Здесь были Лена и Лёва».

А дальше — всё строго по правилам, на стене
записанным, но забытым, когда в огне
быстрее художника гибнут мольберт и картины
под взгляд растерянной и обнажённой Полины.

2020

Н.В.П.

Она была шпионкой, простите; она
пела романсы так, как когда-то
пела царю; была влюблена
в солиста Варшавского театра;
дружила с Шаляпиным; и также в кино
снималась, в картине «Крик жизни»;
в итоге, ей было суждено
заплатить тем, чем платят отчизне.

На ней женился — нет, не француз,
а некто из бывших. Они прожили
лет пятнадцать вместе, пока от их уз
не остался куст из трубчатых лилий.
У неё было немало подруг,
но подруги — они, как всегда, пропали
на какой-то сцене, вращаясь вокруг
какой-то оси, за занавесом из шали.

Это всё, что можно — нет, не о судьбе —
записать как P.S., тренируя память.
Остальное записано в НКВД —
остальное нам придётся оставить,
как оставляют рощу, до которой свист
долетал намедни, словно вестник арий;
как оставляют поезд, где нет больше мест
ни для Бога, ни для божьих тварей.

21 октября 2019

* * *

«Мы не в изгнании, — написала Нина, — мы
в послании». И робко вдоль абажура
провела аккуратным почерком. «Холмы
остались в прошлом. Теперь архитектура
одинаковых зданий на Пляс де Вож,
где погиб, — она почесала затылок, —
Генрих, а мог бы погибнуть Гаврош,
чтобы не сидеть в кафе и не есть улиток.

Память — это всё, что угодно, но не
имена на прямоугольной бронзе!»
Нина заметила, что тьма в окне
превратилась в марево. «На площадях возле
вокзалов, где гнусавит Пиаф, под дождём
ледяным топот седых прохожих,
желающих выпить кофе с молоком,
чтобы воскликнуть: „Какая гадость, боже!"»

2019

CHELSEA

А.Г.

Ирландский кот по кличке Джеймс
окрашен радугой в июне
и спит у брадобрейских ног
под чёрно-белым Джорджем Клуни.
Поджав под лапы хвост, как власть
поджать способна разум наций,
он любит Патрика — кота,
что обещал зайти в двенадцать.

Всё утро пасмурно, потом
возможен дождь и даже грозы.
Деревья, заграждая вид,
стоят, страдая сколиозом.
В кафе соседнем брань двух дам,
а с ней и запах местной пиццы.
Мигает красная рука:
от тридцати до единицы.

Коту почти шестнадцать, но
к зиме он заболеет раком.
Его отправят спать в приют,
где он заснёт, влекомый страхом,
что шар земной — не шар совсем,
простите за клише, а шарик,
и что в двенадцать не зайдёт,
как прежде заходил, кот Патрик.

22–23 июня 2019

* * *

Он приехал в Париж и покончил с собой,
и — кто бы сомневался! —
из окна напротив кричали: «Постой,
идиот!» — но словно в ритме вальса
он сделал раз-два-три
и соскользнул со стула,
и — хрясь! — от туловища в Пари
осталось только «туло».

Это случилось на углу бульвара Сен-Мишель
и улицы Расина —
там, где сюжет попадал в акварель,
окрашенную тёмно-синим
сюртуком Петлюры, в которого шесть
пуль некогда выпустил Бал-Халоймэс,
а сейчас стоят белая мечеть
и некий фиолетовый офис.

Это случилось в четырнадцатом году,
после Олимпиады,
но до того, как принесли еду
и стакан пина колады
для тех, кто решился ещё пожить
как продолжение отдельной тени,
целиком заслонившей нить,
вьющуюся по верхней ступени.

Июнь 2019

БАЛЕТНАЯ ИСТОРИЯ

Они поссорились. Приподнимая веки
на прошлое, казалось, что «Монтекки
и Капулетти» в хоре снежных хлопьев
являлись фоном для забытых снов.
Но лишь казалось. В этот день Прокофьев
по-прежнему не оставлял следов,
храня бессонницу, как лёд оконной рамы
хранит то взгляд, то силуэт французской дамы.

Была весна. Не пятое — но марта.
Смотря в глаза крупье и без азарта
заезжий денди ставил на валета,
а позже утверждал, что проживёт,
коль посчастливится, до будущего лета.
Москва не есть Париж! Ночной гавот
едва станцуешь, скорчишься от кашля.
И в страсти энной редко будешь счастлив.

Была весна. У статуи напротив
Большого, соглашаясь, что в гавоте —
весь дух Прокофьева, и нет другого духа,
они поссорились, ссылаясь на пари.
Он дал ему букетом оплеуху,
а тот сказал, что любит лишь Мари.
Пустой ладонью заграждая просинь неба,
любовь слепа. И солнце светит слепо.

...И дальше — лишь обрывки биографий.
Один бежал на Запад. Мелкий гравий
накрыл второго на Ваганьковском: две книги
о нём написаны, и был поставлен фильм.
А первый жив: снимает в Ницце флигель
у моря, где он ценит ровный штиль,
молчание соседки, запах кофе
и то, что навсегда забыт Прокофьев.

2019

* * *

Его брат погиб на Шестидневной войне
не то за Сирию, не то за Египет.
Сам он танцует «El Choclo» во сне,
а наяву ничего не видит.

Он закончил Корнелл, и работал потом
там, откуда был уволен.
И сейчас живёт почти под мостом,
не зная, что чем-то болен.

Он боролся за мир, но был также готов
бороться за сад и за честь мундира,
хранимую запахом каких-то цветов
из Дамаска или Каира.

18 мая 2019

ТРИКОЛОР

Возвращаясь к окну, из которого выпала синяя
чашка с чаем «Граф Грей», вспомни город без стен
                                              и без имени,
где твой взгляд натыкался на реку, а на горизонте
не звучал чардаш Монти.

Возвращаясь, забудь о квадрате из красного дерева,
на котором толпа мелких ангелов с криками «бей его»
шла без вил и ножей, а под свист свежей мартовской
                                                              вербы
не звучал голос жертвы.

Возвращаясь, иди вдоль зеркал, чуть вперёд и налево и —
семь ступенек наверх, в затхлый зал,
                                      где по-прежнему белые
стены что-то хранили, пока из соседнего сада
не звучали цикады.

14–16 марта 2019

НАПУТСТВИЕ

Вот и город, где не ответят на звонки,
где нет ни замков, ни дверей,
где с утра до вечера сидят у реки
и празднуют день MLK.

Напиши на полях своего дневника,
почему исчезает овал
арки, под которой недавно «ХТК»
на флейте ты исполнял.

Напиши, а затем поплыви в края,
где у берега всегда глубоко.
Поплыви — и дальше решу не я,
а, верно, Господь и Ко.

Март 2019

МАРТИНИКА

Несколько чешских люстр с потолка Святого Анри
освещают барочный холст, на котором безмолвно:
                              «Замри,
но только не умирай!» — умоляет Христа апостол,
поскольку иной конец потревожит уставший остров.

Над свечой — карибский бриз,
                              создающий отдельный гул,
что врывается в тень скамьи и в стоящий у выхода стул,
на котором сидит мертвец, что был
                              мимолётно представлен
старухе, весь день продававшей и чётки, и свечи,
                                        и ладан.

У старухи — новейший айфон, от него и луч, в облака
летящий в параболе сна, но замеченный только пока
глазами, что здесь на холсте однажды зажглись
                                        и померкли,
как меркнут глаза, что устали смыкаться
                              над нартексом церкви.

Февраль-март 2019

СОН БЕРГМАНА

Он умер в третий раз. Теперь при синем свете
сидел на мраморном полу, в портрете
кого-то грузного не находя отца,
а в жизни пройденной — счастливого лица.

Как это всё случилось? Что помнил он? Точнее,
где жил он перед смертью? Где аллея,
в которой Шуберт был и был вороний хор,
и было трио ми-бемоль мажор?

Он шёл по той аллее, да, шёл он, чтоб попутно
случился ливень эдак так минут на
пять-десять, двадцать максимум, лишь на
тот случай, если дымка из окна.

И там был особняк, в тени, при трёх колоннах
дорических, среди цикад и клёна,
где руки вяло лязгали ключом
и пахло неопознанным котом.

Что помнил он? Зачем? Как это всё случилось?
Вот мать. Её глаза. Вот брат — он знаменитость,
поёт Альфреда, а за ним — вот и сестра:
она умрёт к началу декабря.

Зачем? Он шёл и шёл, но вскоре и сам умер,
чтоб быть отныне ни в земле, ни в урне,
а там, где не дано познать конца,
как в жизни пройденной — счастливого лица.

Февраль 2019

ФЕВРАЛЬСКАЯ ПОЛНОЧЬ

Камень, с двадцать шестого этажа
летящий вне любой траектории,
попадает в поле зрения ежа,
а дальше совсем простая история
из жизни, не претендующей на взгляд
иной девицы, иного молодца,
из жизни, что никак не закончится,
пока в городе снегопад.

У ежа, казалось, был некогда друг,
не лишённый простого юмора,
но друг его предал, и остался звук
от глухого хохота на сиденьях Убера,
удаляющихся к полю чудес,
где в прошлом гулял старик Базилио,
а ныне лишь пастораль и идиллия,
а старик, как и звук, постепенно исчез.

Камень летящий застревает, как
принято, меж деревней и городом,
а затем, слегка преображаясь в пустяк,
становится обыкновенным поводом
для того, чтобы и простые словеса
зазвучали женскими рифмами,
пусть без эха, уже ничего не таившими
из попавшегося ежу на глаза.

6 февраля 2019

ПЕРВЫЙ СЕДЕР

тайной вечери последнего ужина
свет речь мессии апостолов дюжина
белая скатерть под кубком с вином
кашель и смех и слова ни о чём

сад вдалеке озаряется масляным
видом с холма пахнет кладбищем яслями
пахнет тропинкой что высится меж
обозначая условный рубеж

месяц нисан выходящий за линию
медленной тени чья площадь пустыннее
взгляда сравнившего контур стола
с голенью агнца и брюхом вола

в этом и спас и наверно в пролитии
крови учителя и не учителя
капля за каплей текущей с холста
как и задумал создатель креста

Декабрь 2018

В РЕ МИНОРЕ

А.Р.

Он вышел из квартиры, где когда-то
смеялись Франц и Грета
над тем, что от Семнадцатой сонаты
осталось только лето
и несколько птенцов, что глуховато
пищат про то и это.

Был август. Вдоль дороги, не ведущей
ни к храму, ни к вокзалу,
валялись два кота и пьяный грузчик.
Уже давно светало.
Цыганка рядом, над кофейной гущей
склонившись, не гадала.

Чуть справа, не заботясь о восходе,
могло начаться поле,
но здесь был лишь пустырь, что в эпизоде
с лучом давал лишь волю
тоске, что не видна на небосводе
с нашествием триолей.

Чуть слева, меж бетоном и овалом,
тоннель мог стать туманом,
но был закрыт, и, право, не хватало
слегка обетованной
земли сквозь дымки — той, что проступала
бы за подъёмным краном.

Он вышел — и ему могло казаться,
что он во всём виновен,
и что весь день, увиденный им вкратце,
и зыбок, и неровен.
А позади смеялись Грета с Францем,
и где-то был Бетховен.

Январь 2019

UPPER EAST SIDE

Он отражался в том окне, где отражался почерк
того, кто рифмой обессмертил возглас «Авва Отче».
И он смотрел бездарно вдаль и удивлялся краскам
двух генералов, на парад шагавших мирно в штатском.

Вокруг был парк, барочный Мет, плюс галерея
                                                с Климтом,
плюс Гуггенхайм и особняк с поникшим
                                                флагом чьим-то.
Швейцары, дамы без детей, зонты и светофоры
врывались в пасмурный гавот, лишённый до минора.

Здесь был Христос, держал мольберт,
                                            общался с Рафаэлем.
Здесь снился Гарвард в ноябре, не искушённый Йелем.
Душа, устав от панацеи, жаждала плацебо.
И вертикаль — она была, но не касалась неба.

Декабрь 2018

* * *

Подавая условные знаки
взглядом в прошлое, вспомни чердак,
где лежали бордовый Фейхтвангер,
синий Чехов, зелёный Бальзак,

где, не зная условного знака,
но февраль приближая к весне,
чья-то мать умирала от рака
на висящем в углу полотне,

где над рамой когда-то нависла
паутина бездарной стены,
сокращая двузначные числа
до нуля, а затем — до луны.

Декабрь 2018

ГАРВАРДСКАЯ БАСНЯ

Светлана Б. вздыхала, что Набоков
писал и не страшился сжатых сроков
в местах, куда овец не гнал Макар.
А в Гарварде, увы, во время оно
невольно он разгневал Якобсона,
прислав ему «Bend Sinister» и «Дар».

Профессор знал, что первым было слово,
но страстно ненавидел Милюкова
и в регулярных письмах Лиле Брик
писал, что, сочинённую в изгнаньи,
любую прозу губит отставанье:
в ней чахнет русский дух, а с ним — язык.

Набоков же считал, что если Запад
спасает мир, тогда бесспорно Гарвард
даст то, что никогда не даст Корнелл.
Аллеи, купола, тоска по Данте
лелеют там развитие таланта
держать в руке перо и просто мел.

Мораль здесь, словно греческий философ,
наводит нас на множество вопросов.
К примеру, в чём загадка русских слов?
Набоков — гений? Или белая ворона?
Кто помнит в наше время Якобсона?
Кому, простите, нужен Милюков?

Амбиций ради или от испуга
профессора в доносах друг на друга
клянутся честью, верой и сачком.
А после засыпают, с кем попало
обнявшись, после капсул Люминала,
запитых на чужбине молоком.

Ноябрь 2018

P.S.

...И этот месяц мог бы стать февральским,
когда десятого,
меняя одиночество на краски
зимы, Ахматова

в надежде, что и в тьму приходят строфы
немногословными
попытками метелью править профиль,
прошла под окнами.

10 ноября 2018

* * *

Дед соскользнул в овраг, где лежали жена и дочь.
Рядом играли на скрипке, и мазурка казалась точь-
в-точь той самой, что раньше он слышал
                                    в предместье Варшавы
на свадьбе двоюродной тётки. «Похоже, другие нравы

теперь, раз мелодия эта звучит также здесь», — про себя
сказал он, и уши землёй забила ночная пальба,
в которую вклинились хором две стрекозы и два трутня,
равняясь на скорость пули, как ветер способен на чуть не

случившийся гром равняться, чтоб впредь никогда
                                              фа минор
в краях этих не зазвучал, а в воздухе был лишь набор
случайных легато и пауз, являющихся, несомненно,
обрывками чей-то фантазии, не ведавшей мира Шопена.

23 сентября 2018

САЛАЗАР 1968

Народ, по слухам, устал, но лидер к рассвету не умер.
Инсультом сражённый, лежит, застряв
в продолжительной думе
о том, что неплохо б театрам дать «Фауста»
                                будущим летом,
а сахар изъять из меню как метод борьбы с диабетом.

Народ устал, но привык: как муха, над чашкой летая,
не знает другой мерзлоты, чем Цельсий остывшего чая.
Народ — он мог бы прожить вот так, как живётся,
                                и дальше,
не жалуясь детям на дно пока что не выпитой чаши.

А лидер — он мог бы дожить до пули, стремящейся в око;
до яда, что плавится в кофе, когда, прибирая до срока,
в атласном бордовом халате на сцену бы
                                мог Мефистофель
взойти и изречь: «Это был воистину правильный кофе!»

Сентябрь 2018

12 АВГУСТА 1978

Мама в платье, а папа в костюме —
                        вот и весь черно-белый обряд
в ЗАГСе поздней эпохи застоя ровно
                                столько-то лет назад.
Прежде гости — покойники ныне —
                        вдоль стены молчаливо стоят,
и над ними — надменная люстра,
                  с чешским профилем, в тысячу ватт.

Взгляд, застрявший в трапеции зеркала,
                          не способен уставиться на
дату в рамке с желтеющим фото,
                          так как дата уже не нужна
никому из желающих помнить, что был август,
                              что он и она
здесь шагали под гром Мендельсона,
                        а затем что-то пили до дна.

...Это было в свободной, прекрасной и, конечно же,
                                лучшей стране,
где оставшимся жить к сорок первому и не лёгшим
                                во рвы на войне
разрешили немного потомства, что на фото,
                              как на полотне
Верещагина, кажется светом в приоткрытом
                                под вечер окне.

Август 2018

HAMILTON, NJ

Город в тысячу туч наклонился над входом
на зелёный, японский, придуманный Клодом,
где под хохот скульптур в бестелесной ночи
обитают грачи.

Проходи и останься навеки ненужным
голосам, что привыкли, картавя и дружно,
добавляя мазки в триколорный коллаж,
восхищаться: «Крым наш!»

Проходи и оставь здесь не эхо, но камень,
что уходит на дно после долгих стараний
не казаться частицей чужого моста,
а затем — пустота.

28 июля 2018

29 ИЮНЯ

Так получалось: от заката до зимы
хватало несколько часов, а позже гости
шли босиком туда, где небо и холмы
терялись в невысоком росте

того, кто вёл их шествие — он был
худым, черноволосым и убогим, —
а дальше начинался то ли Нил,
то ли Евфрат, а дальше — вдоль дороги

стояла женщина и кланялась рассвету,
и повторяла, что ей некуда идти,
поскольку в тех местах, где будет лето,
не доживают и до сорока пяти.

2018

ШПИОНСКАЯ БАСНЯ

Париж. Сентябрь. Тридцать седьмой.
Похищен генерал Е. Миллер.
Цветаева спешит домой,
а дома — муж, и он же киллер.
«Серёжа, — говорит она, —
не ты ль похитил генерала
в саду Латинского квартала
средь бела дня? Не мне ли на
неделе прошлой ты в стихах
являлся с кровью на устах?»

«Марина, — говорит Сергей, —
не верь стихам, тем паче — слухам.
Твой ямб неточен, а хорей
расшатан и терзает ухо.
К хищенью Миллера не я
причастен, а скорее Скоблин
с Плевицкой. Здесь в Париже волен
любой подозревать, виня
НКВД во всех грехах,
лишь нагоняя этим страх.

К тому же этот генерал,
он сам себя, ей-богу, сглазил.
Кричал: „В Москву! В Москву!" — кричал
и докричался! Что до правил
вокруг желаний наших, мы
лишь полагаемся на эхо.
Нарком Ежов пускай не Чехов,
но верит: лучше кончить дни
в России под команду „пли!",
чем жить от Родины вдали».

Они продолжат диалог,
но дальше будут лишь детали.
А мы мораль из этих строк
усвоим, даже две морали.
Во-первых, если муж — шпион,
в нём тоже есть душа поэта.
Да, он убийца, но за это
не будем осуждать. Пусть он
творит, как может, те дела,
где рифмы бродят в дебрях зла.

И во-вторых. Нарком Ежов,
бесспорно, прав, что на чужбине
и явь — не явь, и сны без снов,
и сам Париж — зачем, во имя
чего стоит? Его мосты
беспомощны над гулом Сены...
Уж лучше в бане резать вены
средь подмосковной красоты,
оставив в прошлом шпионаж
и повторяя «Отче наш».

Июнь-июль 2018

НАТЮРМОРТ

Коннектикут. Июнь. Субботний вечер.
Луна над озером, как с полотна Дали.
Цикады, соревнуясь с русской речью,
заводят диалог в тупик, а горы,
что под луной укрыться не смогли,
врываются в остатки разговора.

Второе лето в государстве Трампа.
Никчёмный воск слоится под свечой.
Немного пахнет керосинной лампой.
Горит костёр. Сюжет почти из Манна,
где над обманом высятся «горой
волшебной» все последствия тумана.

Июнь в Коннектикуте — он сравнится разве
с Вирджинией в каком-то сентябре,
когда вокруг ни звука, и погасли
ненужные огни, моргнув лукаво,
а мне, сидящему спиной к любой горе,
как Верещагину, обидно за державу.

Июнь 2018

1998 ГОД

Тед Хьюз в тот год заметил: «Что до Плат,
что после — подозрительно стучат
о стенку мозга чувства, словно за борт
души бросает девственница тень,
а с ней приходят сны, за снами — лень,
а дальше рифмы продолжают Гарвард.

Действительно, повсюду купола,
которых Плат не видеть не могла,
гуляя здесь с подругою-певичкой.
Уже тогда, а впрочем, нет, потом
она писала «Под стеклянным колпаком»
и «смерть» брала, как правило, в кавычки.

Студенты — им теперь за шестьдесят —
шли мимо, огибая Гарвард-Ярд,
спускаясь вниз, затем к реке, налево,
туда, где их никто не замечал,
покуда призрак в сумерках шептал,
что «выше куполов не только небо».

Март 2018

ГВАДЕЛУПА

Вода течёт исподтишка и превращается в Atlantic.
Волнуя контуры песка,
                над пляжем реет красный фантик.
Две дамы, сплетничая о
печальном будущем Шопена,
уходят вдаль и постепенно
пускаются в лесбийский пляс
под до-диез-минорный вальс.

Голодный ворон вдалеке кружит,
                чтоб к завтраку спуститься.
На каждом синем лежаке — вино, сыры и хлеб с горчицей.
Французы любят по утрам
поесть и насладиться Прустом:
в желудке и в душе не пусто,
покуда облако в штанах
из взгляда изгоняет страх.

Отчизна — там, где нет луны,
            где Цельсий пропадает в вальсе,
где явь бессмысленна, а сны —
              о Сен Жермен и Монпарнасе.
Отчизна — это Клод Лелуш,
застрявший ветром в объективе,
когда искусство стать ленивей
собой являет новый цвет,
а нас на свете больше нет.

Февраль 2018

ANNO DOMINI

Вот лидер государства, облачённый не во френч.
При нём его жена с улыбкой юной Джуди Денч.
Их дети, Марк и Майкл, убеждённые, что море
есть место, где хоронят, отпевая в фа-миноре.

Вот шеф администрации, честнейший и простой
в общении, способный генеральскою звездой
навеять чувство радости привыкшим жить при страхе
в стране, где нет потребности ни в Генделе, ни в Бахе.

А вот сама страна, размером где-то с штат Вермонт.
Затем — законы сей страны, давно пославшие на фронт
мужчин без плоскостопия от сорока и старше,
поющих славный гимн, хотя законов не читавших.

И, наконец, вот псы страны: куда ни глянь — здесь псы
бездомные, но сытые, чьи мокрые носы
уткнулись в желтизну листвы, покуда взгляд конвоя
наказывает всякого, кто помнит гаммы воя.

Октябрь 2017

* * *

Онегин вернулся из странствий к началу десятой главы.
Завидев прохожих на Невском, невольно подумал: «Увы,
его позабыли не люди, его позабыли фасады.
И скоро узнают по скрипу почти незаметной ограды».

Онегин промолвил, что в целом народ,
                             как и в первой главе,
остался угрюмым. Промолвил — и тотчас поехал к вдове,
любившей читать Ричардсона
                         и слушать сонаты Скарлатти,
раздвинув усталые ноги на узкой французской кровати.

Онегин исчез, словно прежде, оставив не небо в пыли,
не солнце, смущённое тучей, а запах духов, что могли
напомнить, что там, на Сенатской,
                     могло по-другому случиться
всё то, что с тех пор превратилось
                         в отдельные главы и лица.

Август-сентябрь 2017

SHELTER ISLAND

Тот вечер, когда ветер не дует в спину,
а дом и мастерская напоминают терцину
из то ли «Чистилища», то ли «Ада»,
а бронзовый профиль — это и есть прохлада.

Вокруг ни души, как и бывает после
недавнего ливня, свои небесные сопли
собравшего в пруд за домом, откуда
открывается вид, — и это вид на чудо.

Мы постучались в дверь, но эхо от стука
не заглушило цикад и стрельбу из лука,
чья стрела летела мимо невидимой дичи.
И эта стрела была Беатриче.

Июнь 2017

СИЦИЛИЙСКИЙ ДИПТИХ

Б.Ш.

1

Деревня Савока (удар на первый слог)
есть продолжение скалы, небрежно треснувшей
и отражённой в лунном свете после ливня.
Когда-то, не так много лет назад,
здесь Майкл Корлеоне обвенчался
с девицей по фамилии Вителли.
Вот церковь, вот дорога в местный бар,
который называется «Вителли».
Вот запах престарелых кипарисов
с намёком на лимоны и вино.
Вот две стены: под каждой по старухе,
забывшей, как махал руками Ф.
Ф. Коппола (удар на первый слог).
Сегодня здесь опять, похоже, свадьба.
Звучат колокола и тарантелла.
За тёмными очками — лес зрачков.
Над тёмными очками — только солнце:
простое, неопознанное солнце
как жертва голливудской режиссуры.

2

Над Таорминой, если в прошлом было небо,
то это небо растворилось в полукруге
античного театра. Стихотворец
другой поры здесь мог бы написать:

«Я не увижу знаменитой Антигоны», —
и был бы прав. Отметим, что за прошлые
полвека в Таормине не писал
никто, что, с точки зрения сонорных
согласных, — несомненная удача.
Взгляд гусеницы, не стыдясь июльской
росы на высоте в семь сотен метров,
не чувствует пространства, но и не
банален с точки зрения обрыва.
Цель строивших сей город, если вспомнить,
была не в том, чтоб город был воздвигнут,
а в том, чтоб вид с холма пришёл жаре
на смену, отозвавшись ре-диезом.
По вечерам, когда гремит Гуно
и спотыкается о тучи, а бродячих
собак изгнали из церквей, здесь можно,
прищурившись, увидеть клок земли
за полукругом моря: он походит
на остров, где Тиберий строил виллы
и пил вино, смотря то на рабов,
то вдаль. И, верно, вспоминал о солнце:
оно казалось то простым, то неопознанным,
и было жертвой голливудской режиссуры.

2017

* * *

Дед возвратился с войны, а дома лишь чёрный квадрат
висит на стене, где был Малевич взводом солдат
расстрелян, а позже забыт, как забывают в касках
историю, сотворённую в самых ярких красках.

Дед оглянулся вокруг и видит: возвратный тиф
и дождь проливной опять создали совместный миф
о том, что весь город спит, не ожидая Младенца,
пока из него бегут обратно на запад немцы.

Дед смотрит на чей-то портрет, где стёрты оспинки
с лица,
и помнит: прошло восемь лет, как чуть не забрали Отца.
Тогда был тоже май, а май — это люди в погонах,
блюстители чётких рифм и современных законов.

Всё это травой поросло, насколько может трава
расти в географии зла, где дар от старца-волхва
приводит к пустой ладони, лишённой линии жизни,
покуда играют марши о великой отчизне.

Май 2017

HAMPTON BAYS

Залив преображается в квадрат
и обрамляет гавань женским бюстом.
Шум с запада встречает листопад
хромой луной, не чуждой нежным чувствам.
Рыбак безмолвно празднует улов,
на дюнах простояв не больше часа.
А из воды встаёт Н. С. Хрущёв
и машет кукурузой «пидарасам».

Всё это происходит в ноябре,
в шестнадцатом году, воскресной ночью.
Ночь тянется нашествием тире,
натравленными ямбом на подстрочник.
Вокруг ни фонаря: в тридцать седьмом
здесь был маяк, но, веря слухам местным,
он пал бесславной смертью, как нарком,
замешанный в контактах с Тухачевским.

Ссутулившись, не ветер, а весло
приводит воду в трепет, чтобы шёпот
забился вглубь, в чугунное жерло
фрегатной пушки: «Вера в серп и молот, —
мы еле слышим, — это вера в идеал,
который вечен и всесилен, так как
он верен, и о нём шептался Карл
уже не Маркс, но всё-таки не Радек».

Ноябрь 2016

※ ※ ※

…и князь Мышкин завёл разговор об увиденной казни,
не спуская с Аглаи краснеющих в сумерках глаз, —
о зеваках, спешивших к помосту, как будто на праздник,
о монахе, что трясся в падучей, попутно крестясь.

«Если вспомнить рассвет — пробужденье
 сквозь просинь рассвета,
казнь возможна лишь в городе с видом на море, когда
крики чаек сливаются с красками раннего лета,
а на смену агонии просто приходит вода.

Если вспомнить рассвет — счёт идёт не на дни, а на миги.
Тьма едва позади, но вот-вот неизбежна, лишь жест
палача превращается в тень, и сгорает интрига
человеческой жизни на вёрсты и вёрсты окрест».

…и князь Мышкин продолжил рассказ. И Аглая смотрела
в моросящую даль, сокращённую потом стекла,
до которой, как ныне казалось, ей не было дела,
ибо даль никуда не вела. Никуда не вела.

2016

* * *

Возвратись в этот зал, пыльным зеркалом
соскользнув со спины Оливье,
и заметь, как луна ранним вечером
в синем цвете уходит в фойе,
где Раневская в гриме Корделии
томик с пьесами прячет от лиц,
не простивших Российской империи
птиц, похожих на чаек; где Фирс
в платье Лира вздыхает об огненном
шаре из незамеченных снов,
признаваясь, что в Англии холодно
только ночью и только со слов
графа Глостера в облике Гаева,
уходящего в заумь, как в путь
сокращённого облаком марева,
из которого можно вернуть
строки с вечной судьбою анапеста,
чтоб луну ритмом вальса отвлечь, —
а затем жизнь продолжится, начисто
удаляя и память, и речь.

2016

* * *

Поль Сезанн после спора с Золя не заметил, что угол,
нарисованный утром, впитал не полуденный свет,
а случайную тень фонаря, под которым МакДугал
пересёк Бликер-стрит, из пейзажа пророча портрет.

В красно-чёрном костюме, слегка побледневшем
в метели,
ровным взором следя за полётом души мотылька,
Арлекин был по-прежнему юн и протяжною трелью
удлинял Шостаковича в фуге под гул «ХТК».

Это было не в зеркале и не в окне — было это
словно между, в пространстве, оставленном для старых
стен,
отрицавших акустику и дуновение ветра,
отрицавших и краски, и то, что приходит взамен.

Он бы мог написать Арлекина, но вечером больше
он тянулся к вину, а потом засыпал, кисть в руках
машинально сжимая, во сне слыша голос: «О боже!»,
как бы мог Шостакович во сне слышать эхо: «О, Бах...»

2016

www.ingramcontent.com/pod-product-compliance
Lightning Source LLC
Chambersburg PA
CBHW050246010526
44107CB00003B/205